本书为安徽省高等学校人文社会科学研究重点项目"皖西南方言的地理分布及层次性特征研究(编号:SK2015A315)"、安徽理工大学博士科研启动基金项目"皖西南各县市方言过渡性特征研究(编号:ZY506)"、2020年度安徽省高等学校人文社会科学研究重点项目"安徽自贸区的管理机制与实践路径研究(编号:SK2020A0199)"、安徽省高等学校线上线下混合式课程"语言文化概论(编号:2020xsxxkc138)"、安徽省高等学校省级质量工程项目"中国传统文化课程思政教学团队(编号:2020kcszjxtd21)"的研究成果

皖西南方言文化的过渡性特征研究

吕 延 著

合肥工业大学出版社

图书在版编目(CIP)数据

皖西南方言文化的过渡性特征研究/吕延著. --合肥:合肥工业大学出版社,2022.6

ISBN 978 - 7 - 5650 - 5889 - 9

Ⅰ.①皖… Ⅱ.①吕… Ⅲ.①赣语-方言研究-安徽 Ⅳ.①H175

中国版本图书馆 CIP 数据核字(2022)第 077222 号

皖西南方言文化的过渡性特征研究

吕 延 著　　　　　　　责任编辑　王钱超

出　版	合肥工业大学出版社	版　次	2022 年 6 月第 1 版
地　址	合肥市屯溪路 193 号	印　次	2022 年 6 月第 1 次印刷
邮　编	230009	开　本	710 毫米×1010 毫米　1/16
电　话	人文社科出版中心：0551 - 62903205	印　张	10.75
	营销与储运管理中心：0551 - 62903198	字　数	206 千字
网　址	press. hfut. edu. cn	印　刷	安徽联众印刷有限公司
E-mail	hfutpress@ 163. com	发　行	全国新华书店

ISBN 978 - 7 - 5650 - 5889 - 9　　　　　　　定价：39.00 元

如果有影响阅读的印装质量问题,请与出版社营销与储运管理中心联系调换。

前　言

　　皖西南各市县地处长江下游北岸，包含桐城、潜山、怀宁、枞阳、岳西、太湖、望江、宿松八市县及迎江、大观、宜秀、经开区等四个安庆市城区。皖西南地区东与安徽省池州市、铜陵市隔江相连相望；南靠长江，与江西省九江市相连；西邻湖北省黄梅、蕲春、英山三县；北接安徽省六安市、合肥市。特殊的地理位置和历史文化背景使其处于赣语、吴语和江淮官话的环绕之中，方言的共时接触和历时累积使这个区域的方言文化既存在共性又有不同的层次性特征。

　　关于皖西南各市县方言的归属，语言学界至今仍未定论。《中国大百科全书·语言文字卷》认为，安徽省西南部安庆地区的望江、东至、宿松、怀宁、太湖、潜山、岳西、桐城等县的方言，据初步了解，和赣方言相近，目前归属未定，可能也将划归赣方言（中国大百科全书编委会，1998）①②；《中国语言地图集》认为，安庆市区、桐城县及枞阳县属于江淮官话洪巢片（B3）③，怀宁、太湖、望江、宿松、潜山和岳西六个县属于赣语方言区的怀岳片（B10）；孙宜志（2006）、刘祥柏（2007）、熊正辉、张振兴（2008）及赵日新（2008）等几位先生均认为，安庆市通行江淮官话和赣语两种方言，安庆市的四个区、桐城市及枞阳县属于江淮官话黄孝片；黄拾全（2008）则认为，皖西南的望江、东至、宿松、怀宁、太湖、潜山及岳西等县的方言与江淮官话的语音接近度大于与赣语的语音接近度。

　　著名的美国汉学家罗杰瑞先生（1995）认为，中部方言既有北方话的特点，又有南方话的特点，除浙江省的某些方言以外，所有扬子江南岸的吴语、

---

　　① 枞阳县行政区划的变动（2015 年 10 月 13 日，国务院批准，将安庆市枞阳县划归铜陵市管辖），但本文的"安庆地区"采用此前说法，仍包含枞阳县，和"皖西南"范围一致，参考文献和作者调研分别采用前后两种说法。

　　② 潜山、桐城等县分别于 2018 年、1996 年撤县建市。

　　③ 2015 年，国务院批复安徽省行政区划调整，将安庆市枞阳县划归铜陵市管辖。

赣语、湘语，都属于中部方言。皖西南方言正是江淮官话和中部方言的过渡性接榫区。正因为皖西南方言处于吴方言、赣方言及江淮官话（主要是后二者）的过渡带上，使得其境内方言兼具吴语、赣语和江淮官话等方言的混合性特征，以至各市县的方言归属尚难确定。赣方言、江淮官话的形成与北人南迁都有千丝万缕的关系，方言形成的背景具有相似性（周振鹤、游汝杰，1997）。孙宜志（2001）将它们的语音进行多角度翔实的比较分析后，认为江淮官话和赣语的区别性特征乏善可陈，二者或多或少既有历时的同源关系又有共时的渗透关系。因此，单从语音角度来严格区分江淮官话和赣方言是一件比较麻烦的事情。

处在南北方言过渡性接榫区的皖西南方言，兼具多个方言区的语言特征，看似难以研究，但可从另一个角度解决问题。李小凡（2005）认为，鉴别一个方言点的归属时，通常只需考虑该方言点邻近的两三个典型方言，鉴别标准不必具有普遍性，可以用某些标准来鉴别某些过渡区的某方言点属于典型方言甲还是典型方言乙，而用其他标准来鉴别另一过渡区的某方言点属于典型丙还是典型方言丁。将皖西南各市县方言文化与邻近典型方言进行比较研究，使方言归属工作具体化，也增强了方言文化过渡性特征研究的可操作性。

以过渡性特征为切入点、以皖西南各市县方言文化为研究对象，用结构主义语言学思想，将共时研究和历时比较相结合，采用现代语言学的统计研究方法，同时综合考虑人文、社会及文化等多重因素，重点研究皖西南方言的语音、词汇及语法等方言要素，以及某些相关社会文化的混合性过渡特征，这无疑是过渡区方言文化研究的一种趋势。

传统的特征比较法确定方言的归属，无论是从理论上还是实践上，都会遇到难以克服的困境。从理论上看，同源的每个方言都具有自己独特的语音、词汇和语法系统，在各个结构层面上，都有跟其他方言相同的特征，同时也有区别于其他方言的特征。方言间的差别正是大量的、个别的、差别的总和。因此，某一个或几个特征当然不是这些差别的综合反映，自然很难概括出方言间的差异了。

从实践上看，特征判断的应用也存在不少困难。使用某一条特征的同言线进行方言分区，稍嫌牵强，因为很难做到"对外排他、对内一致"。如果同时使用几条特征的同言线来进行分区，这些特征的同言线往往相互交叉、错综复杂，把方言区的界限弄得十分模糊和不稳定。

既然单一的语音标准不能确定皖西南各市县方言的归属，我们可以借助综合特征的方言分区方法，也就是在语音分析的基础上，综合分析其词汇和语法特征。在定性分析的基础上，借助定量分析研究皖西南及周边方言文化的亲疏关系，再确定其归属邻近哪种典型方言（江淮官话或赣方言）。

　　汉语方言的计量研究，是根据统计学原理对汉语方言特征成分进行计量的比较研究。在汉语方言学中，只有进行量的统计比较才是定量研究，简单的量的计算不是定量研究。和其他事物一样，在汉语方言学中定性研究与定量研究也是质和量的统一，沈榕秋（1994）认为，定性研究是定量研究的基础，只有在定性研究分析出方言特征成分符合汉语史、符合方言发展规律之后，定量研究才可能对这些成分进行可行的量化分析。反过来，不同方言间的亲疏度比较问题，则是定性研究难以解决的，只能通过定量研究去解决。本书中定性、定量研究的主要内容包含皖西南方言语音、词汇和语法三个方面的过渡性特征：

　　语音方面，皖西南方言语音具有历时层次性，各市县方言有共时过渡性特征。在描写各市县方言音系及其特征的基础上，重点探究皖西南方言知庄章组声母、古全浊声母、入声及 ʮ 韵系的混合性过渡特征。

　　词汇方面，重点研究区内各市县方言与周边典型方言的亲疏关系，分别从方言核心词、方言亲属称谓词及方言特征词等三个方面来探究不同方言间的亲疏度，以论证皖西南方言词汇的过渡性特征。首先，探究皖西南各市县方言及周边典型方言共性和差异的计量统计模式；同时，确定某些特征项并赋予其比较数值；再对皖西南各市县及周边典型方言之间的方言词汇特征项进行共性与差异比较，得出皖西南各市县及周边典型方言词汇特征项的数据组（即不同类别词汇比较所体现出来的亲疏度）；最后，将这些数据组进行散点趋势拟合，从方言特征拟合图上就能直观、形象地看出皖西南方言词汇的过渡性特征。

　　语法方面，通过方言语法的历时层次性和共时过渡性比较，探究皖西南方言的语法特点及各市县方言语法历时和共时方面所呈现出的过渡性特征。本书从皖西南方言的虚词"着"、反复问句等方面揭示皖西南方言语法的过渡性特征。

　　通过皖西南各市县方言要素的定性、定量分析，根据区内各市县方言与周边典型方言的语言要素的亲疏度比较，不但可视化显示了皖西南方言的过渡性特征，还能根据亲疏度的具体数值，确定皖西南各市县的方言归属。一方面，桐城、枞阳及安庆市区归属江淮官话黄孝片，望江、太湖、宿松方言归属赣方言；另一方面，从多角度、多层次分析揭示了怀宁、潜山及岳西三个县的方言位于江淮官话黄孝片向赣方言过渡的接榫区。

　　综上所述，怀宁县的高河片（相当于怀宁县志里所说的高洪片，以本书的高河镇为代表方言）、潜山北部、岳西北部归属江淮官话黄孝片，而怀宁县的石牌片（以本书的石牌镇为代表）、潜山南部、岳西南部归属赣方言怀岳片。从皖西南各市县及周边典型方言上看，皖西南方言的多个语言要素均存在较为明显的过渡性特征，总体过渡轨迹大体如下：

合肥（巢湖）、六安（霍邱、霍山、舒城）等洪巢片方言→洪巢片向黄孝片过渡带，主体为黄孝片，如枞阳县、桐城市、安庆市区→黄孝片向皖西南赣语过渡带，主体是黄孝片，如高河镇、潜山市、岳西县→鄂东黄孝片，如英山、蕲春、孝感、武穴等→九江黄孝片，如瑞昌等。

合肥（巢湖）、六安（霍邱、霍山、舒城）等洪巢片方言→洪巢片向黄孝片过渡带，主体为黄孝片，如枞阳县、桐城市、安庆市区→黄孝片向皖西南赣语过渡带，主体皖西南赣语（相当于《地图集》所说的赣语怀岳片，下同），如石牌镇、望江县、太湖县及宿松县→江西赣语，如湖口、彭泽、德安、永修、武宁、修水等。

孙宜志（2006）认为：安庆三县市的江淮官话的语音特点体现出黄孝片与洪巢片交界地带的特点。实际上是黄孝片向洪巢片过渡的地带。安庆三县市的江淮官话与湖北和江西九江、瑞昌的江淮官话黄孝片被赣语的怀（怀宁）岳（岳西）片割断，如果将安庆三县市的江淮官话划归黄孝片，那么安庆这三县市将被赣方言分割开。刘祥柏（2007）、熊正辉、张振兴（2008）及赵日新（2008）等学者均认同这个观点。皖西南方言文化的过渡性特征研究不但证明他们认为安庆市区、枞阳及桐城方言归属黄孝片的观点是正确的，而且说明了岳西、潜山及高河方言将湖北黄孝片与安庆三市县的黄孝片连通起来，而这连通的部分恰恰就是皖西南方言从江淮官话向赣方言过渡的核心区域，即方言过渡的接榫区。

目　录

前　言 ……………………………………………………… (001)

第一章　绪　论 ………………………………………… (001)

　第一节　研究综述 ……………………………………… (001)

　　一、研究对象 ………………………………………… (001)

　　二、研究背景说明 …………………………………… (002)

　　三、研究目的 ………………………………………… (004)

　　四、研究意义 ………………………………………… (004)

　　五、研究方法 ………………………………………… (007)

　　六、可行性分析 ……………………………………… (009)

　第二节　皖西南方言的研究历史和现状 ……………… (010)

　　一、研究历史 ………………………………………… (010)

　　二、现当代方言学相关研究 ………………………… (011)

　第三节　汉语计量研究的可行性实践 ………………… (018)

　　一、汉语计量研究概述 ……………………………… (018)

　　二、调查策划 ………………………………………… (024)

　　三、主要分析方法 …………………………………… (026)

　　四、调查数据分析 …………………………………… (027)

　　五、结论与建议 ……………………………………… (032)

第四节　主要方言点概述 ……………………………………………（035）

一、安庆市区 ……………………………………………………（035）

二、桐城市 ………………………………………………………（036）

三、枞阳县 ………………………………………………………（037）

四、怀宁县 ………………………………………………………（037）

五、潜山市 ………………………………………………………（038）

六、太湖县 ………………………………………………………（038）

七、望江县 ………………………………………………………（039）

八、岳西县 ………………………………………………………（039）

九、宿松县 ………………………………………………………（041）

第五节　调研信息及体例说明 …………………………………………（041）

一、方言代表点及相关语料来源 ………………………………（041）

二、发音合作人的基本信息 ……………………………………（042）

三、书中语料体例及说明 ………………………………………（043）

第二章　语音及其过渡性特征 ……………………………………………（044）

第一节　各市县方言的音系 ……………………………………………（044）

一、枞阳县方言音系（项铺镇）………………………………（044）

二、桐城市方言音系（金神镇）………………………………（046）

三、安庆市区方言音系（大观区）……………………………（048）

四、怀宁县方言音系（高河镇）………………………………（050）

五、怀宁县方言音系（石牌镇）………………………………（052）

六、潜山市方言音系（槎水镇）………………………………（054）

七、岳西县方言音系（温泉镇）………………………………（056）

八、望江县方言音系（华阳镇）………………………………（059）

九、太湖县方言音系（徐桥镇）………………………………（061）

十、宿松县方言音系（隘口乡）………………………………（063）

第二节　全浊声母今读及其过渡性特征 ………………………………（065）

一、本区方言及周边典型方言的中古全浊声母今读 …………（065）

二、本区及周边方言中古全浊声母今读的过渡性特征 ……… （067）

第三节　入声及其过渡性特征 ……………………………………… （069）

一、汉语方言中入声类型及特点 ………………………………… （070）

二、皖西南及周边方言的入声 …………………………………… （073）

三、皖西南方言入声的过渡性特征 ……………………………… （074）

第四节　ʮ韵系及其过渡性特征 …………………………………… （076）

一、ʮ韵系的语音及其历时层次 ………………………………… （076）

二、ʮ韵系的历时层次及共时过渡性特征 ……………………… （077）

第三章　方言词及其过渡性特征 ………………………………… （082）

第一节　基本核心词及其过渡性特征 ……………………………… （082）

一、方言特征的统计原则及相关典型数据的处理方法 ……… （082）

二、皖西南20个核心方言词共时比较及混合性过渡特征 ……… （091）

第二节　亲属称谓词的混合性过渡特征及其文化内涵 ………… （098）

一、引言 ……………………………………………………………… （098）

二、以"我"为中心的皖西南主要亲属称谓 …………………… （098）

三、主要亲属称谓的共时比较及其混合性过渡特征 ………… （100）

四、亲属称谓词的混合性特征 …………………………………… （108）

五、亲属称谓的文化内涵 ………………………………………… （113）

第三节　皖西南方言的特征词及其过渡性特征 ………………… （114）

一、方言特征词的界定 …………………………………………… （115）

二、特征词的区内外比较及其过渡性特征 …………………… （117）

第四章　语法及其过渡性特征 …………………………………… （131）

第一节　方言虚词"着"的过渡性特征 ………………………… （132）

一、"着"在各市县的具体表现形式 ………………………… （132）

二、"着"的语法特征 …………………………………………… （133）

第二节　反复问句的类型及其过渡性特征 ……………………… （143）

一、引言 …………………………………………………………… （143）

二、反复问句的界定 …………………………………………（143）

三、反复问句的类型及其描写 …………………………………（144）

四、反复问句的层次及其过渡性特征 …………………………（147）

第五章　结　语 ……………………………………………………（150）

一、皖西南各市县方言分布及其过渡性特征 …………………（150）

二、过渡性特征研究的应用价值 ………………………………（152）

三、余论及尚待解决的论题 ……………………………………（153）

附录1：大学生普通话使用情况调查问卷 ………………………（154）

附录2：汉语方言常用的国际音标列表 …………………………（158）

参考文献 ……………………………………………………………（159）

第一章 绪 论

第一节 研究综述

一、研究对象

以皖西南各市县方言文化为研究对象，用结构主义语言学思想，将共时研究和历时比较相结合，采用现代语言学的统计研究方法，同时综合考虑人文、社会及文化等多重因素，重点研究皖西南方言的语音、词汇、语法等方言要素，以及某些相关社会文化的混合性过渡特征。

语音方面，探究皖西南方言语音的历时层次以及各市县方言共时过渡性特征。在描写各市县方言音系及其特征的基础上，重点探究皖西南方言庄组声母、古全浊声母、入声及 ʮ 韵系的混合性过渡特征。

词汇方面，研究重点在于探究皖西南各市县方言与周边典型方言的亲疏关系，即分别从方言核心词、方言亲属称谓词及方言特征词等三个方面来探究不同方言间的亲疏度，以论证皖西南方言词汇的过渡性特征。首先，探究皖西南各市县方言及周边典型方言共性和差异的计量统计模式；同时，确定某些特征项并赋予其比较数值；再对皖西南各市县及周边典型方言之间的方言词汇特征项进行共性与差异比较，得出皖西南各市县及周边典型方言词汇特征项的数据组（即不同类别词汇比较所体现出来的亲疏度）；最后，将这些数据组进行散点趋势拟合，从方言特征拟合图上就能直观、形象地看出皖西南方言词汇的过渡性特征。

语法方面，通过方言语法的历时层次性和共时过渡性比较，探究皖西南方言的语法特点及各市县方言语法历时和共时方面所呈现出的过渡性特征。本章从皖西南方言的虚词"着"、反复问句等方面，揭示皖西南方言语法的过渡性特征。

二、研究背景说明

行政上，皖西南地区包括桐城、怀宁、枞阳、潜山、岳西、太湖、望江、宿松八市县和迎江、大观、宜秀、经开区等四个安庆市城区。

地理上，皖西南位于北纬 29°47′~31°17′、东经 115°46′~117°44′，长江中下游北岸，大别山南麓，皖鄂赣三省交界处，东与安徽省池州市、铜陵市隔江相望；南依长江，与江西省九江市相连；西邻湖北省黄梅、蕲春、英山三县；北接安徽省六安市、合肥市。这个地区属于亚热带湿润气候，区内多为丘陵山脉地带。

方言上，胡松柏（2003）认为，地理上的接缘是方言接触的地缘基础，而方言之间语言成分的借贷则是方言接触实现的途径。方言之间由接缘而发生接触，一方施与影响，借出语言成分，另一方接受影响，借入对方的语言成分。发生借贷的语言成分对施借方言而言是其语言系统中的固有成分，对受借方言而言，是语言系统中的借贷语言，对施受双方而言，是两者的共有语言成分。语言接触的结果，是在接缘方言之间形成共有的语言成分。皖西南的特殊地理位置必然带来不同方言的接触和历史文化背景的交融，使其方言处于赣语、吴语和江淮官话的环绕之中，兼具多个方言共有成分特征，成为吴楚文化板块的过渡地带。方言的共时接触和历时累积使这个区域的方言既存在诸多共性，又有一定的层次性变异，呈现出兼容、多元、过渡的特征。这种过渡性特征在皖西南境内众多的方言底层及现时社会文化方面都会有集中体现。

关于皖西南各市县方言的归属，语言学界至今尚未定论。《中国大百科全书·语言文字卷》认为，安徽省西南部安庆地区的望江、东至、宿松、怀宁、太湖、潜山、岳西、桐城等县的方言，据初步了解，和赣方言相近，目前归属未定，可能也将划归赣方言（中国大百科全书编委会，1998）；《中国语言地图集》认为，安庆市区、桐城县及枞阳县属于江淮官话洪巢片（B3）、怀宁、太湖、望江、宿松、潜山和岳西六个县属于赣语方言区的怀岳片（B10）；孙宜志（2006）认为，安庆市通行江淮官话和赣语两种方言，安庆市的四个区、桐城市及枞阳县属于江淮官话黄孝片，刘祥柏（2007）、熊正辉、张振兴（2008）及赵日新（2008）等学者认同这个观点；黄拾全（2008）认为，皖西南的望江、东至、宿松、怀宁、太湖、潜山及岳西等县的方言与江淮官话的语音接近度大于与赣语的语音接近度。

著名的美国汉学家罗杰瑞先生（1995）根据他自定的 10 条方言分区标准论证，认为中部方言是南北方言的过渡地带，其既有北方话的特点，又有南方话的特点，除了浙江省的某些方言以外，所有扬子江南岸的吴语、赣语、湘语，都属于中部方言。皖西南方言正是江淮官话和中部方言的过渡性接榫区。

潜山、怀宁、望江、岳西、太湖、宿松这六个市县处在吴方言、赣方言及江淮官话（主要前后二者）的过渡带上，其方言归属不易确定。鲁国尧先生（2003）在《客赣通泰方言源于南朝通语说》一文中，将江淮官话与客赣方言比较，认为江淮官话和客赣方言关系紧密、两者同源；孙宜志（2001）将它们的语音进行多角度翔实的比较后，认为江淮官话和赣语的区别性特征乏善可陈，二者或多或少既有历时的同源关系又有共时的渗透关系。共时和历时的语言接触，都让单从语音角度来严格区分江淮官话和赣方言变成一件比较棘手的事情：从历时角度看，赣方言、江淮官话的形成与北人南迁都有千丝万缕的关系，方言形成的背景具有相似性（周振鹤、游汝杰，1997）；从共时角度看，这六个市县地处皖鄂赣三地交界处，赣语、楚语及江淮官话等方言接触，使这些市县的方言带有混合型特征。

处在南北方言过渡性接榫区上的皖西南方言，兼具多个方言区的方言特征，看似难以研究。但从另一个角度看，问题似乎没有那么复杂——李小凡（2005）认为，鉴别一个方言点的归属时，通常只需考虑该方言点邻近的两三个典型方言，鉴别标准不必具有普遍性，可以用某些标准来鉴别某些过渡区的某方言点属于典型方言甲还是典型方言乙，而用其他标准来鉴别另一过渡区的某方言点属于典型丙还是典型方言丁。将皖西南各市县方言与邻近典型方言进行比较研究，使方言归属工作具体化，也增强了方言文化过渡性特征研究的可操作性。

皖西南方言邻近的典型方言是江淮官话和赣方言。既然单一的语音标准不能确定皖西南各市县方言的归属，那么，我们可以借助综合特征的方言分区方法。也就是在语音分析的基础上，综合分析其词汇和语法特征；在定性分析的基础上，借助定量分析皖西南各市县及周边方言的亲疏关系，再确定过渡区方言到底归属邻近哪种典型方言。更为重要的是，过渡性特征无疑是研究皖西南各市县方言文化的一个很好的切入点。袁家骅先生（2001）指出：汉语方言的过渡地带，好像语言发展的过渡阶段，在描写研究和比较研究上都有特殊的意义。因此，本书以过渡性特征为切入点，在描写本区方言基本特征的同时，将本区语音、词汇、语法等方言要素内部或者周边典型方言进行语言共有成分的比较①，并利用计量研究来揭示其过渡性特征的路径以及它

---

① 胡松柏（2003）认为：考察语言接触，从结果溯过程，方言的共有成分是最重要的观察点。

们与典型方言的亲疏程度，以期确定皖西南各市县方言的归属。

简言之，本书以皖西南方言的语音、词汇及语法为研究对象，通过定性和定量分析研究，以描写和阐释皖西南方言内部和周边典型方言的层次性、亲疏度及过渡性特征。

三、研究目的

皖西南方言是江淮官话、吴语及赣语的过渡区方言，这个区域的方言无论是语音、语法还是词汇都呈现混合性过渡特征。这个地区的方言研究，整体力度不够，研究水平与吴语、闽语及粤语等方言研究比较也相对落后。

区域方言的共时分布不但受方言历史、地理及方言接触等情况的影响，而且和它的政治、经济、社会及文化等因素密切相关。过渡区方言的特征研究不仅能揭示语言共时层面的分布特点，而且能发现其分布的深层次历时原因。"吴头楚尾"的地理位置，加上客观历史上的移民迁徙，使本来通行江淮官话和赣语的皖西南地区的方言有了多层次性。本书的研究目的也在于此，即在揭示皖西南方言共时过渡性特征的基础上，力图发现这个区域方言的层次性及过渡性特征的因由。

四、研究意义

（一）理论意义

1. 方言学意义

（1）定性研究和定量（统计学）研究的辩证统一

既是同样的民族语言，不论差异大小，各方言之间就总有大量的共同点。重要的是必须区分这些共同特征是批量的还是偶见的，这就须要进行定量的研究（李如龙，2001）。一方面，定量研究改变传统汉语方言单一的定性研究方式，弥补以往单一语音标准研究方言的不足，充实了汉语方言理论研究的基础；另一方面，定量研究的计算结果，往往需要定性理论来进一步论证。这种"定性——定量——定性"的往复循环的方法是现代语义学的方法（张志毅、张庆云，2005）。因此，本书采用定性和定量相结合的方法。从总体上看，大的区域典型方言的分区归属用定性分析，小的划片或考察过渡性特征用定量的方法来直观呈现，讲求定量计算和定性分析的辩证统一。

（2）过渡区方言的研究意义

一是过渡区方言归属方面的意义。除孙宜志（2006）、刘祥柏（2007）、赵日新（2008）和熊正辉、张振兴（2008）等学者认为枞阳县、桐城市及安庆市区归属为江淮官话黄孝片，目前学界普遍认可之外，皖西南其余各县的方言归属尚存争议。汉语是一种存在着严重方言分歧的语言。汉语方言中蕴藏着大量的语言资源。汉语方言的研究，可以为全面认识现代汉语和古代汉语、构建汉语历史、充实普通语言学的理论等多方面提供鲜活的语料（钱曾怡，2008）。相对于亲缘关系较远的方言，过渡区的方言比较或方言归属的研究难度更大，因为过渡区的方言分歧尤其是区别性的差异更小，其共性部分更多。因此，皖西南"鲜活的语料"的共性和差异的比较研究成为本书的重点内容。这种比较不仅仅涉及皖西南及其周边典型方言的语音、词汇、语法等要素的全面、系统的研究，还包括纵向的方言演变规律，从而加大汉语方言研究的深度和广度，从理论上推动汉语方言学的发展。

在诸多共性中发现细微区别，以弄清过渡性特征中方言归属的方法或者理论，这正是过渡区方言比较研究的真正意义所在。

二是区域文化研究方面的意义。由于社会历史中各种因素的影响，汉语各方言经历长时期发展后，彼此间既有不同的特点，也有相同的特点（王福堂，1999）。方言之间的影响不仅限于历史的各种因素，而且现时的各种因素，包括方言自身的、社会的、经济的或者文化的等诸多因素，都对方言的特点产生影响。方言本身就是文化的一部分，方言接触或发展变化的过程，必然伴随着区域文化的相互渗透。皖西南很多优秀的文化都是以地方方言为载体，如黄梅戏的独白或唱腔都是以安庆话为代表方言。因此，深化方言与地域文化关系的研究，是方言实践研究的主旨之一。

（3）方言地理学意义

皖西南方言东、西、北分别与吴语、赣语、江淮官话方言比邻，具有相当显著的方言地理学意义。随着方言地理学的发展，地域的分布对方言的影响，越来越引起语言学家的高度重视（吴波，2004）。过渡区方言的类型学研究，对方言分区的标准及过渡区方言归属的研究都有一定的影响，它丰富了江淮官话、赣方言及吴语等大的区域方言的研究思路和研究方法。

2. 语音学（史）、词汇学及汉语史意义

如同现今古生物化石的地质分层是因久远历史不同时期的纵向层积，造成语言分歧的正是历时事实的继起以及它们在空间上的增殖（索绪尔，1980），汉语方言的共时差异实际上是历时变异的平面展开（张树铮，1994）。皖西南及周边方言的共时差异，往往能在汉语方言的历史发展或历时比较上发现其因由，从而对方言的共时差异作出合理的解释。

（1）语音学意义

皖西南方言语音过渡性研究各章节将皖西南方言与周边典型方言作共时研究，依据其亲疏度论证过渡性特征。一定区域内的方言共同特征的形成往往包括纵向的亲缘关系和横向的渗透关系，横向渗透的区域特征往往分布于大小方言区的交界区域。方音的共时研究不仅要分析方言的声韵调、方言分布规律及方言接触的影响，还应关注其语音变异，如音值变异、音类变异等方面。在进行方言语音共时性考察的同时，方音研究的重点应放在方音的区别性特征上。传统汉语方言的分区理论，多以共时汉语方言的区别性语音特征，如语音的清浊、语音的舒促等等，来进行方言分区。因为地处方言过渡性的接榫区，传统的靠单一语音特征进行方言分区的方法，尚不能确定皖西南各市县的方言的归属。在依靠传统语音特征将皖西南各市县方言归置到江淮官话和赣语这两个大类别中，再借助定量研究对这个区域各市县方言的亲疏度进行比较，以期从量化的角度来确定这个地区方言的归属，即以定量研究补充传统的定性研究，这正是本书的语音学意义之一。

（2）语音史意义

某一区域方言的共时亲疏度不同，往往是其共同母语历时遗留不同、层级不同所致。要想发现共时亲疏过渡性特征出现的原因，我们必须研究其历时语音发展历史。任何方言的语音系统用历史的观点去透视都是叠置的系统，都有不同历史时代的语音成分的沉积。其中不但有历代共同语语音的成分，也有古方言的成分和不同历史时期的方言自身的创新。举例说，安庆市区方言"从止，蟹摄字以及其他有关各摄入声字的安庆发音看，安庆方言应当是略早于《中原音韵》的一种音韵格局；从之韵和臻摄入声的几个字的台语对应看，中古之韵和《中原音韵》支，思韵的元音是近于 [ɨ] 的音；从止，蟹摄字以及有关各摄入声字看，安庆方言可以反映内外转的分别"（邢公畹，1984）。这些关于安庆方言语音层次性的研究，"把不同层次的语音对应汇总起来，用古今语音演变史作为参照，方言语音的历史层次就清楚地显示出来了"（李如龙，2000）。因此，方言文化历时层次性研究既是对汉语语音史理论的补充，又是对汉语语音史尤其是语音比较的重要实践。

（3）词汇学及汉语史意义

方言词的共时研究，主要从词形、词义两个方面比较分析皖西南及周边方言词汇的共性和差异，属于词汇学研究的范畴。罗杰瑞（1995）认为，只有在日常用词分析的基础上，才能看到方言之间关系的真实情况。李如龙（2006）认为，词汇比较研究的重点必须坚决地转移到基本词汇上来，从基本词汇的差异可以看到不同方言之间的重要特征。因此，本书的词汇研究的重点主要集中在基本核心词、亲属称谓词及方言特征词等内容上。将以往主要以普通话词语为对象的研究扩大至汉语方言词语，扩大了研究范围，丰富了研究内容（章黎平，2007），对词汇学的研究无疑具有重要的拓展意义。李如龙认为：研究方言特征词可为方言分区提供依据，说明方言间的亲疏远近关系，对于汉语词汇史的研究也有重要意义。本书使用计量统计来探究皖西南各市县方言的亲疏远近，体现了汉语方言研究的现代词汇学的特色。

汉语方言一方面积存着本方言在各个历史时期遗留下的某些特点，另一方面也会受到其他方言在不同历史时期的各种影响，这就造成了汉语方言地中有时、时中有地的复杂情况（钱曾怡，1987）。因此，方言各要素的共时差异既有可能是其历时遗留，也可能是别的方言接触等因素的影响所致。这就要求我们探究共时的方言差异与历时发展之间存在的关系；描写方言在语音、词汇及语法共时差异的同时，结合方言的社会、历史及文化的影响，弄清各市县方言的基本特征及其内在发展演变的规律，并揭示其历时演变或共时过渡性特征。这种将地理类型学、历史语言学及文化语言学相结合的方法，对于江淮官话、吴语及赣语乃至整个汉语史研究的发展都有一定的促进作用。

（二）实践意义

第一，呈现皖西南方言各语言要素的特征，为各市县方言的归属提供定性的实证材料，乃至以此来确定各市县方言的归属，补充并创新各市县的方言志。

第二，揭示政治、经济、历史及文化优势对方言语音、词汇及语法产生的影响，借此分析其历史原因、文化意义，对本区域的文化传承和弘扬也有一定的积极意义。

五、研究方法

（一）田野调查法

这是方言研究的基础，过渡区的方言研究尤其需要到皖西南各市县实地调查，得到第一手的方言要素资料。田野调查主要包括皖西南各市县的语音、词汇及语法的调查和筛选。皖西南各市县方言的语音、词汇及语法等要素的历时层次性及共时过渡性特征，都是建立在翔实、准确的田野调查的基础上。

（二）描写法

描写主要包括语音、词汇及语法的层次性、过渡性特征的描写。不同的方言要素描写的侧重点会有所不同。语音的描写包括各市县的方言音系、声韵调及其配合、语音的历时层次性及共时过渡性；词汇的描写主要包含 20 个基础核心词汇（袁家骅，2006）、方言特征词以及南北方言区别较大的几类词；语法描写侧重时体虚词"着"的特征、双宾语及比较句等。

（三）比较法及历史地理分析法

比较法包含共时比较和历时比较。方言各要素的共时表现，蕴含着纵向的历时特征。共时比较包括皖西南各市县及周边典型方言的比较，通过这些比较我们可以看出皖西南方言要素的基本面貌、各方言的亲疏关系及混合性过渡特征。方言的比较研究中，离不开历史地理分析法。所以，在共时比较基础上，本书还采用历时的地理分析比较，包括现行皖西南方言与古汉语、近现代汉语方言及古代方言通语的比较。历史地理分析是以历史地理和语言学知识为基础，可从移民、民俗、称谓及文化交流等诸多方面，对汉语方言在历史上的流变以及方言与区域文化的关系进行多角度、多层次的梳理分析。

（四）计量法

计量法是用社会统计研究方法，结合田野问卷的大数据 SPSS 处理、建模，或横向比较语言特征项数据组形成散点趋势图，从而可视化研究汉语方言特征。

确定可计量的方言特征，赋予可比特征项相应的数值，有时还必须考虑到所研究的不同特征项的权重或系数；统计所有特征项的数值，并进行亲疏度的横向比较；画出相关特征项的二维坐标点，添加到散点趋势线中。

在论证大数据统计在语言研究应用的可行性基础上，本书的计量法主要用于宏观语言规划和横向方言词汇过渡性特征的研究中。根据一定的优选核心同源词原则和方言亲疏关系表述的计量原则，将皖西南方言基本核心词及特征词进行内外比较，得出皖西南方言及周边典型方言比较的亲疏度数据。

（五）图表法

图表法包括方言地图和方言表格的制作。方言地图是方言学的组成部分，是方言地理学的重要内容。方言地图是用地图的形式标示方言分布及方言特征的地理分布情况。它的主要特点是：所标示的方言地理分布及方言特征的地理分布情况简明扼要，让人一目了然，这一点比文字说明优越许多（陈章太、詹伯慧、伍巍，2001）。把某种语言的方言及方言特征摆在一个平面上，便于更加直观地反映相关方言的主要特征。

方言表格是将调研所得的方言数据，体现在相关表格上，以获取其特征的横向比较。利用统计数据，借助 EXCEL 表格，将一系列方言特征数据进行拟合，画出各组数据的拟合散点图和趋势线。二维坐标上的散点图及趋势线，可以更加客观、科学也更加直观地论证皖西南方言与周边典型方言的混合性过渡特征。

（六）演绎法、归纳法

演绎法和归纳法是科学研究的两种方法，现代科学尤其是自然科学更重视演绎的重要作用。汉语方言研究很多方面都有自然科学的属性，比如语音实验学里的示波器语图，能清晰明了地显示语音声调的高低曲折等语音物理属性。所以，一方面，很多时候，演绎法是方言研究中必不可少的方法；另一方面，在结论的推导、规律的总结上，归纳法的作用仍不可或缺。

从总体上看，本书以归纳法为主，采用归纳和演绎相结合的方法，从方言材料中总结归纳出语言规律，通过演绎说明相关问题。

六、可行性分析

（一）前期基础

本书构思缘于两个方面因素：一是本人生长于皖西南地区，对当地的方言有着浓厚的兴趣，关于皖西南方言语音、语法及词汇调查研究都有一定的积累，除了涉及硕士学位论文、刊发多篇相关论文，还多次实地调研安徽境内各地方言，尤其是皖西南方言各要素及社会文化特征调查并录音整理①；二是皖西南方言是南北方言的过渡区，其研究具有很强的地理类型学意义，这对于我们研究方言的人来说，无疑是个极大的"诱惑"。

（二）皖西南方言同周边典型方言存在异同

皖西南方言同周边典型方言的差异性和共同点是本研究可行的客观基础。方言的共性特点是与其差异性相对而言的。不同方言之所以有共性，往往是因为它们同源，存在亲属关系，或者它们之间由于语言接触而引起语言要素的借贷；不同方言之所以存在差异性，则是因为它们纵向发展不同步、不平衡。

1. 语音异同

皖西南各市县方言的声母、韵母及声调等方面都有一定的异同。相同点如古浊音声母都清化，某几个市县的方言都存在 ʅ 及 ʅ 类韵、基本保持入声调尤其是阴入声调等，不同点如古全浊塞音、塞擦音及擦音清化的规律、古精庄知章组今读在各市县不尽相同。

2. 词汇异同

区内各市县的方言核心词或方言特征词都存在一定的异同之处，和周边典型方言进行核心词、称谓词及特征词的相似度比较，就会发现相关方言词的特征项呈现出一定的过渡性特征。

3. 语法异同

语法是语言要素中相对最稳定的。邻近方言中，方言语法的共性为主，差异性相对较少。语法研究从几个方面阐述区内外方言语法的差异性，如反复问句在区内各市县及周边典型方言的形式表达上的层次性及过渡性。

总之，邻近方言之间的语言要素存在异同，我们就可以先设定某些特征

---

① 配合电子表格滚雪球抽样调查、电话确认核实调查等方法来调查方言。

变量，量化分析共有特征成分以发现各市县方言内部及周边典型方言的亲疏关系，再对这些异同点进行定性分析，来验证其过渡性特征。

第二节　皖西南方言的研究历史和现状

本书的研究必须充分利用前辈学者已有的成果，翔实地搜集相关课题、论文、书籍等各种文献资料，方能对皖西南各市县方言要素、社会文化等的过渡性特征做探究性论证。

皖西南邻近主要的典型方言是江淮官话、赣语及吴语。因此，除了一些语言学、方言学的基本理论或著作，还有那些与这几种典型方言研究相关的材料都要弄清楚，才能为我所用。我们对相关皖西南方言的研究历史及现状作以下梳理：

一、研究历史

传统方言学研究时期，研究皖西南方言的主要是方志。较早期的安庆当地学者方以智、陈独秀的语言学研究对皖西南方言也有所涉猎。

方志主要有《安徽府县志辑》（1998）、《乡土志抄稿》（2002）以及《乡镇志专辑》，例如：《康熙桐城县志》《道光续修桐城县志》《康熙安庆府志》《民国宿松县志》《民国太湖县志》《民国潜山县志》《乾隆望江县志》《民国怀宁县志》及《民国怀宁县志补》等。

明清著名学者方以智仿《尔雅》体例作《通雅》（1990），其中论及一些方言俗语，分门别类，并加以训释；其中的《切韵声原》（《通雅》的第五十卷），不仅对研究明清之际汉语共同语有重要的史料价值，其中所采用的研究方法以及一些理论观点对后人也有不少启发，是产生于明崇祯年间一部反映"存雅求正"的普通话音系的韵学（张小英，2002）。皖人陈独秀先生语言学造诣极为深厚，中华书局2001年出版的《陈独秀音韵学论文集》收录了他的主要音韵学成果，有涉及安徽方言之处，如其《自序》中："宋元人之我每，今作我们，河南山东一带，门读如眉；四川及安徽若干处，谋读如蒙；淮河流域，观读如歌，丸读如俄；安徽读张如查；北平读母如猛；北平读数字之两位 lia，你字敬语为您，他字敬语为滩，栅栏读如 sala；北方咱字读 tza，或为 tzaŋ，打字北方读 ta，上海一带读 taŋ；湖北一带读母如猛；草麻子之草，四川读如宾；那字绍兴读如罕，四川读如朗；此阴阳想通也。拉字今阴入并读；安庆到底读曰到笃；此阴入相通也。湖北读目、木皆如梦；扩字自宋元至今皆读旷廓二音，此阳入之相通也。"其中提及的安庆话的入声字读如阴声韵、阴声韵促化现象等，为我们研究早期皖西南方音提供了宝贵的语料。

二、现当代方言学相关研究①

20 世纪四五十年代，赵元任、丁声树、杨时逢、吴宗济等著名的语言学家组织了规模宏大的方言调查活动，实施了湖北、云南等省的方言调查研究并出版了《湖北方言调查报告》《云南方言调查报告》等鸿篇巨制。

60 年代，安徽境内方言调查成果以合肥师范学院方言调查工作组编写的《安徽方言概述》（1962 年内刊发行）为代表，它应该是第一部整体反映安徽省内各市县方言的著作。此后，1963 年安徽人民出版社出版了孟庆惠的《安徽方音辨正》。再往后，《安徽省志·方言志》（安徽省地方志编纂委员会，1997）为最具整体性的方言著作。

现阶段，学界有关皖西南地区方言研究的成果不多，词汇和语法的研究成果相对更少，缺乏结合社会、历史及文化的词汇或语法研究。有不少和安徽方言大区域语言研究相关的探索成果，如：《潜怀方言研究》②《安徽江淮官话语音研究》，"皖赣交界处东至方言的特征研究"（2012 年国家社科基金项目），"皖西南方音研究"（2001 年安徽省教育厅立项），硕士学位论文《马庙镇方言调查研究》（2004）、《皖西南方言语音研究》（2008）及"皖西南方言的过渡性特征研究"（2013 年安徽省教育厅立项）等。现当代有关江淮官话、赣方言及吴方言（以前二者为主）的语音、词汇及语法方面的主要研究成果介绍如下：

（一）方言研究的相关教材、词典及图集

语言学研究最基础、最经典的教材，无疑是索绪尔的《普通语言学教程》（高名凯译，1980），这是一部具有划时代意义的著作。它提出了全新的语言学理论、原则和概念，为现代语言学的研究和语言学的发展奠定了科学的基础。索绪尔的语言学理论以组合关系和聚合关系为核心，后来有广泛影响的结构语言学、转换生成语言学、系统功能语言学等学派的理论和方法，都是在他的语言学理论基础上形成和发展起来的。

布龙菲尔德是 20 世纪美国结构主义语言学的奠基人。其代表作《语言论》（袁家骅等译，1980）可以说是美国结构主义语言学的奠基之作，对美国结构主义语言学的形成、发展有重要的作用和深远的影响，使得美国结构主义语言学成为世界结构主义语言学中发展最完备、影响最宏大的一个流派。

---

① 涉及很多方志、论著及期刊论文，这里列举一些主要研究成果，详细情况见文章主体、注释及参考文献。

② 李金陵（1994）《潜怀方言研究》中的"潜怀"包括本书的皖西南九个市县和池州市。当时贵池（即今池州市）行政属于安庆市管辖。

其语法理论对中国语言研究，特别是对汉语语法产生了极为深远的影响。

黎锦熙先生的《新著国语文法》（2001）是我国第一部科学、系统、完整地研究白话文语法的专著，该著作主要研究句本位语法、六大成分、实体词七位、图解法、词类系统和词类划分标准，是现代汉语语法的最早法则，为汉语语法学留下了丰富的财产。

罗杰瑞在《汉语概说》（张惠英译，1995）中把汉语的历史和现状、普通话和方言联系起来加以考察，把汉语和周邻语言联系起来作简要却客观的、全面的研究。他认为汉语尤其是其书面语，一直是几千年灿烂中国文化统一体的最有力的标志。在语言学研究上，他强调汉语的类型特征对研究类型语言学的意义。无论是著作将语言研究和政治文化联系起来，还是其强调类型特征对于语言研究的意义，都是本书必须借鉴的理论基础和研究方法。

王力先生的《汉语史稿》（1980）是第一部对汉语做通史性研究的学术专著，是汉语史研究的奠基之作。它也是迄今为止，在对汉语史进行全面研究的基础上，影响最大、成就最高的汉语史专著。这部著作充分吸收了我国古代及近代语言学研究的精华，借鉴了国际先进的语言学理论，勾勒出汉语史这一学科的基本面貌，为汉语史今后的研究奠定了基础，指明了方向。王力先生对汉语语音、语法、词汇等方面进行观察分析，并对其发展规律进行总结，都是在科学的历史比较研究方法的基础上进行的，这些正是方言研究者应该具备的基础。

朱德熙先生的《语法讲义》（1982）以及他和吕叔湘先生合著的《语法修辞讲话》（2005）无疑是现代汉语结构主义语法研究的典范之作，他们也都是以结构主义语言学研究现代汉语语法的代表人物。二人的语法研究理论和实践，为我们的汉语语法研究奠定了坚实的基础。

1960年，袁家骅的《汉语方言概要》由北京文字改革出版社初版[1]。该著作在绪论部分总体论述方言、汉语方言学和汉语方言发展的历史；分论里，作者分别阐述北方方言、吴方言、湘方言、赣方言、客家方言、粤方言、闽南方言、闽北方言的形成，以及各方言的历时共时语音、词汇和语法的特点；总论章节里，作者分别从语音、词汇和语法三个方面举例说明现代汉语方言的亲疏关系。书中的语音研究反映了过去几十年间中国研究汉语方言的成果，词汇和语法研究也为皖西南方言的研究提供了诸多方法论和实践材料。

贺登菘的《汉语方言地理学》（石汝杰等译，2003）教授方言研究者系

---

[1] 本书用的是2001年版。

统调查汉语方言的方法，包括怎样选择发音人，怎样设计一套符合实际使用情况的词汇，怎样制作方言同言线地图，怎样利用现存的碑铭、家谱并结合家族迁徙历史来考察语言变迁等。他的同言线理论是方言研究的一种重要方法，产生过很大的影响。

复旦大学出版社发行的《社会语言学教程》（游汝杰，2009）内容兼括狭义和广义的社会语言学、国外与国内的社会语言学。其中的城市方言学、小城镇社会方言研究、言语民俗学以及多人次抽样调查、快速隐秘调查法、定量分析等调查研究的方法都能为本书所用。

周振鹤、游汝杰合著的《方言与中国文化》（2006）对汉语方言在历史上的流变以及方言与中国文化的复杂关系进行了多角度、多层次的梳理分析。该书的历史地理分析法是本书借鉴的重要研究方法。

钱曾怡的《汉语方言研究的方法与实践》，既是他自己研究汉语方言的理论探索和实际应用，同时也从多个角度系统地介绍了汉语方言研究的具体方法和途径。

很多著作、词典及相关方言研究的图集都是我们方言研究必须借鉴或参照的典范，如王力的《汉语音韵学》（1981）、董同龢的《汉语音韵学》（2011）、郭锡良的《汉字古音手册》（2010）、唐作藩的《音韵学教程》（2002）、中国社会科学院和澳大利亚人文科学院的《中国语言地图集》（1988）、曹志耘等的《汉语方言地图集（语音卷·词汇卷·语法卷）》（2008）、李荣等的《现代汉语方言大词典》（1998）、许宝华等的《汉语方言大词典》（1999）及陈章太等的《普通话基础方言基本词汇集》（1996）等。

（二）过渡区方言相关研究及方言归属方面的研究

石如杰、顾黔的《江淮官话与吴方言边界的方言地理学》（2006）分别从语音、基本词汇、语法特点等方面，选择了对内具有代表性对外具有区别性的、有利于进行比较研究的口语词汇，设计了两种词汇调查表：439个词的简表和1900个词的详表。这种设计一方面可以调查方言词汇；另一方面可以通过词汇的口语音，整理出语音系统，从而全面真实地反映当地方言的实际情况和历史层次。因此，这本书是过渡区方言的田野调查的基础性参考书。

史浩元的《汉语方言分区的理论与实践·以江淮官话与吴语的分区为例》（顾黔译，2011）提出"通语音系参照法"理论。该著作立足于田野调查，用鲜活的共时口语材料，寻找方言间的对应关系、归纳总结通语音系，制定出一套层级分明、严谨有效的分类学检测标准，据此判定某个方言的性质和归属，探讨汉语方言分区的理论，并探索方言各自的历史以及方言间的相互关系。无论是分区理论还是调研原则，该著作都可作为皖西南方言研究的重要依据。

郑张尚芳的《皖南方言的分区（稿)》（1986）对安徽南部的方言分布及特征做了比较详细的说明，并从移民史以及方言接触的角度说明本地方言复杂状况的成因；李金陵的《潜怀方言研究》（1994）对皖西南十市县方言语音、词汇、语法、熟语、歌谣及相关专题做了概括性的探究；王福堂的《徽州方言的性质和归属》（2004）详细分析了徽语性质及方言归属问题。这些著作都是方言文化过渡性特征研究必须参考的研究成果。

（三）赣方言相关研究

现代赣方言研究当始于罗常培先生的《临川音系》。与其他方言相比，赣方言研究总体相对滞后和单薄，缺乏系统性、综合性，大多是零星分散的描写，缺少宏观的材料和事实规律的提炼。就目前的成果而言，主要是语音层面上的研究，词汇和语法的研究虽有所涉及，但深度和广度都有待进一步加深和拓宽。以下略述和本书相关的赣方言研究现状及成果：

1. 通论性研究

主要有颜森的《江西方言的分区（稿)》（1986)、周静芳的《赣方言的形成与发展》（1998)、胡松柏的《赣东北方言调查研究》（2009）等。

2. 单一方言描写研究

主要有颜森的《黎川方言研究》（1993)、张双庆和万波的《从邵武几个语言特点的性质看其归属》（1996)、卢继芳的《都昌阳峰方言研究》（2007)、唐爱华的《宿松方言研究》（2007)、冯桂华的《赣语都昌方言初探》（2012)、张燕娣的《南昌方言研究》（2007）等。

3. 语音研究

主要有胡经修的《南昌方言与北京语音对应关系的探索》（1958)，熊正辉的《光泽、邵武话里的古入声字》（1960)、《南昌方言的声调及其演变》（1979）及《南昌方言的文白读》（1982)，陈章太的《邵武方言的入声》（1983)，颜森的《咸山两摄字在广昌方言中的异同》（1985）和《江西方言的声调》（1988)，谢留文的《赣语古上声全浊声母字今读阴平调现象》（1998)，辛世彪的《赣方言声调的演变类型》（1999)，祝敏鸿、尤翠云的《从中古音看咸宁话与普声母差异及对应关系》（2000)，孙宜志的《安徽宿松方言同音字汇》（2002)，唐爱华的《安徽宿松方言的变调》（2005)，徐建的《安徽太湖方言语音研究》（2008）及黄拾全的《安徽太湖方言音系》（2011）等。

4. 词汇研究

主要有颜森的《高安（老屋周家）方言的词汇》（1982年1、2、3期)，熊正辉的《南昌方言词汇（一）（二）》（1982）、《南昌方言词典》（1994），肖萍、陈昌仪的《江西境内赣方言人称代词单数的"格"之考察》（1995），唐爱华的《安徽宿松方言的指示代词》（2000），曹廷玉的《赣方言特征词研究》（2001），储泽祥的《"底"由方位词向结构助词的转化》（2002）等。

5. 语法研究

主要有肖世民的《吉安方言中的"个"》（1989）、高福生的《南昌的句尾"着"》（1990）、汪国胜的《大冶方言语法研究》（1994）、陈昌仪的《江西铅山方言人称代词单数的"格"》（1995）、万波的《赣语永新方言量词的清声浊化》（1996）、徐阳春的《南昌方言的体》（1999）、孙宜志的《宿松方言的"—VV 到"和"—VV 着"结构》（1999）、曹保平的《都昌方言重叠式的构成形式及特征》（2002）、胡清国的《南昌话和普通话否定标记的句法差异》（2003）、黄晓雪的《语法化视野下的宿松方言语法研究》（2007）等。

（四）江淮官话研究

现代汉语方言较早研究江淮官话始于 20 世纪三四十年代的湖北方言调查，相关皖西南江淮官话的研究则要晚很多。以下对相关皖西南江淮官话研究的成果稍作梳理：

1. 综合研究

贺巍的《河南山东皖北苏北的官话（稿）》（1985）把中原官话分成郑曹、蔡鲁、洛徐、信蚌及汾河等五个片，涉及安徽省 26 个市县；把江淮官话分成三片，安徽省境内主要是洪巢片，共计 24 个市县。鲍明炜的《江淮方言的特点》（1993）系统地介绍了江淮官话各要素的基本特点。李金陵的《合肥话音档》（1997）涉及语音、词汇、语法等各方面，对安徽方言的分区也有所论述。李金陵的《浅谈"楚语"的地域》（1984）根据"楚语"的 ʯ 和 ʮ 类韵的语音特征，结合潜怀十县及其他市县此类韵的分布，提出以 ʯ 及 ʮ 类韵作为语音特征，把湖北、安徽、河南、山西、江西、湖南、四川等相连接的有关地区（江西、湖南、四川三省，有必要做进一步全面的调查），划归到"楚语"这个特殊的土语群之内的观点。这个观点的主体部分在二十多年后被很多方言研究者认可，如孙宜志的《安庆三县市江淮官话的归属》（2006）、刘祥柏的《江淮官话的分区（稿）》（2007）及赵日新的《安徽省的汉语方言》（2008）均认为安庆、枞阳、桐城原属洪巢片的三市县的方言应该划归黄孝片，熊正辉、张振兴的《汉语方言的分区》（2008）肯定了这个观点，并在掌握大量材料的基础上进行了语音特征比较，结合当地历史文化及移民等提出新的分区标准，细化了皖地方言的分区。李慧敏的《江淮官话的归属与特征研究概述》（2004）概括了江淮官话的语言要素特点，分析了特征研究在方言归属方面的可操作性。吕延的《马庙镇方言调查研究》（2004）从语音、词汇及语法等方面分别探究了皖西南小镇马庙镇的方言现状及其特征。唐丽丽的《影响安徽方言分区的若干因素探析》（2006）从历史行政区划、地理环境以及移民的角度探讨现行安徽方言分区及成因。

2. 语音研究

有一些是单纯的音系描写，如方进的《芜湖县方村话记音》（1956）、周元琳的《安徽庐江方言音系》（2001）、鲍红的《安徽安庆方言语音系统》（2008）等都很有代表性。不少学位论文涉猎新的方言点，如吴波的《合安方言音韵研究》（2004）、何自胜的《六安话语音研究》（2005）、陈寿义的《安徽庐江南部方言研究》（2007）、吴波的《江淮官话语音研究》（2007）、邱磊的《赣东北江淮官话研究》（2010）、蔡跃兰的《安徽怀宁方言语音研究》（2011）等。

综合性语音研究成果也不少，如孟庆惠的《安徽方音辨正》（1963）、孙宜志的《安徽江淮官话语音研究》（2006）、吴波的《江淮官话语音研究》（2007）、贡贵训的《安徽淮河流域方言语音的比较研究》（2011）等。

运用新的理论方法，在音系描写的基础上，对一些独特的语音现象有些专门的讨论，如周景绍（1959）的《合肥舌尖前元音 i 韵母特征》，探讨了合肥话舌尖前元音 i 韵母的特征；伍巍的《合肥话"–i""–y"音节声韵母前化探讨》，从生理的角度阐述了声韵母前化现象，说明了音变的过程；吴波的《合肥话"–i""–y"音节声韵母前化再探》认为［ɿ］的形成不仅来自麻韵的推力，也有内部拉力的作用。在推链与拉链的共同作用下，止摄及蟹摄三四等元音高化并最终出位成舌尖元音，从而引起相应的一系列的声母塞擦、擦化以及元音链变的音变过程。吴波的博士论文《江淮官话语音研究》（2007）全面研究江淮方言语音，对江淮方言的形成历史、内部分区、语音特征等方面有着详细而深入的分析。他还借助计算机分析及方言地图直观地展现了各声韵调的语音特征，并对声韵调中的若干问题进行历史比较和历史层次的分析，认为江淮官话的主体层是辽以后的古官话层，少数非主体层可归属为唐宋语音层。

江淮官话的入声研究成果突出，如邢公畹的《安庆方言入声字的历史语音学研究》（1984）、杨自翔的《安徽桐城方言入声的特点》（1989）等。石绍浪的《江淮官话入声研究》（2007）则从声韵尾不同的角度对江淮方言入声的现状、演变方向进行深入探讨，总结出入声舒化的规律，并对江淮官话与吴语的关系做了多方位的讨论。张方正的《入声与芜湖方言》（1994）、郝红艳的《江淮方言入声韵的现状》（2003）、栗华益的《汉语方言入声韵尾演变研究》（2008）等，都涉及江淮官话入声的有益探究。

研究连读变调的调查研究有邢公畹的《安庆方言"字调群"的组结模式》、李金陵的《合肥方言的连读变调》。此外，实验语音学、社会语言学等理论及实践都很好地运用到安徽境内官话的研究上，如侯超的《合肥方言高元音实验研究》、孔慧芳的《合肥话轻声的语音性质及优选论分析》、汪慧君的《合肥城区语音变体选择与社会因素的关系》。

3. 词汇及语法研究

相关皖西南方言的词汇语法研究起步比较晚，尤其是方言语法的研究更晚，成果也相对更欠缺一些。相关皖西南方言的词汇研究，较早的有合肥师范学院的《安徽方言概况》，此后有黄绮的《安庆方言古词例证》（1961）及各市县的方言志。郝凝的《安庆方言词汇》（1982）简要地总结音系后，较为全面地整理归纳了安庆市区方言词汇，为后来人们研究安庆市区方言词汇提供了便利①。还有一些研究词汇的文章，对皖西南方言词过渡性研究有一定的参考价值，如许利英的《巢湖方言词汇（1—4）》（1998、1999）、左林霞的《孝感方言本字考》（1998）、赵日新的《绩溪方言词典》（2003）、张定的《枞阳方言本字考》（2004）、陆苗苗的《安徽合肥方言词汇特点》（2010）、孔琳的《安庆方言亲属称谓词与普通话的研究》（2011）及袁庆珍的《桐城方言中亲属称谓词的特点》（2013）等。

皖西南区域内的方言语法研究很晚，相关的研究成果主要有：焦长华的《无为方言反复问句"VP 没有"的表述》（1995），刘祥伯的《六安丁集话的反复问形式》（1997），周元琳的《安徽庐江方言的虚词"之"》（2000），刘祥柏的《六安丁集话体貌助词"倒"》（2000），梅光泽的《宿松话中的一种特殊双宾句》（2004），吕延的《怀宁方言虚词"着"的语法特征》（2006）、《怀宁县方言的几个语法特征》（2008），张定的《枞阳方言被动标记"着"的历史来源及其语法化》（2006），张定的《枞阳方言两个回声否定词的语法化》（2009）等。

总体来说，皖西南方言文化的研究尚处在起步阶段，这个区域方言文化的过渡性特征没有被详细挖掘，无论是词汇、语法还是语音都需要大量相关的专业研究。无论是方言文化研究的项目资金还是人才培养，国家或地方的相关部门都给予资助和支持，相关科研成果将不断涌现。

---

① 邢公畹（2000）认为郝凝此文疑点甚多，本人也觉得确有疏漏错误之处，但总体词条罗列整理对于本书的词汇研究有一定的借鉴意义。

第三节　汉语计量研究的可行性实践

一、汉语计量研究概述

语言是人类文明的载体，是信息沟通的钥匙，是情感交流的纽带。随着社会的快速发展，语言文字每天承载的信息在呈数百倍增长，作为一个动态的符号系统，其变化发展不可避免。为了充分发挥新时期语言传递信息、交流思想、承载文化的重要作用，减少因语言文字的新变异导致的交流障碍和资源浪费，我们应该重视普通话的推广和研究。我国语言文字研究历史源远流长，但语言研究作为理论体系是最近几十年才发展和成熟起来的。无论是汉语本体研究、汉语变异研究、汉语方言研究，还是民族共同语的规划研究，学界多侧重定性研究，系统的语言计量研究相对不太成熟。本节以"乡音浸华夏血脉，国语寄家国情怀"为主题探究汉语计量研究的可行性。这种语言量化研究的实践为语言研究提供了可视化途径，也为皖西南方言文化的过渡性特征研究奠定了论证基础。

（一）研究综述

1. 研究背景

在我国历史上，人们非常重视民族共同语的作用。早在春秋时期出现的"雅言"，就带有民族共同语的性质。《论语》中记载孔子在诵读诗书和进行礼仪活动时，使用的是当时通用的"雅言"，而不是自己的家乡话山东话。汉代时的"通语"和明清时期的"官话"都是当时的共同语。

语言文字规范化问题涉及社会生活的方方面面，是一个在科学规划下的社会应用问题，规范化的研究也在国家的宏观规划下取得了很多成果。针对高校语言文字规范化的研究尚显不足，从研究成果的形式来看，还没有出现一部关于高校语言文字规范化应用的研究专著或硕博士论文。不过，针对高校语言文字工作研究的单篇论文还是有一些的。例如，王家爱、李端梅在《论高校语言文字工作》中认为，高校语言文字工作应该在普及与提高、应用与研究等不同层次上展开。孔凡涛在《浅谈加强高校语言文字工作的必要性和相关措施》中认为，高校应当组织师生认真学习《中华人民共和国国家通用语言文字法》，了解和掌握国家制定的语言文字规范和标准。高校的语言文字工作部门要定期到校内考察校园语言文字应用情况，及时提出有针对性的建议和对策。高校应注重队伍培养、理念更新、机制完善等工作，全面实现语言文字工作的规范化管理。可见，现有的研究普遍关注的是社会语言文字规范化的问题，对于高校语言文字规范化问题的研究相对较少。虽然一些学者有所涉及，但是现有的研究还停留在表面层次，研究成果还多为一些小专题文章。

在建设中国特色社会主义现代化的历史进程中，大力推广、积极普及全国通用的普通话，对社会主义经济、政治、文化建设都具有重要意义。普通话的推广工作是我国语言规划中的一个重要的工作内容，将普通话进行推广能够在很大程度上促进我国语言的统一，有利于提升民族凝聚力，还能够在一定程度上促进我国社会经济的发展。

营造普通话的校园文化氛围，普通话不能仅停留在学校的教学层面，教师上课讲规范的普通话是必需的。对于学生来讲，要加强"推普周"的宣传和普通话测试站工作，更重要的是营造学生讲普通话的环境。在整个学校的公共空间中形成讲普通话的氛围，让学生在良好的普通话氛围中学习，就能起到事半功倍的效果。因此，各学校单位都应该高度重视营造讲普通话的校园环境。

2. 研究意义

普及共同语是物质文明和精神文明发展水平的一个重要标志。普通话的普及也已经成为我国社会文明发展以及社会经济发展的必然需求。语言是人们在交流过程中使用的重要工具，方言虽然也能够实现人与人之间的沟通和交流，但是其应用的范围较小，不如普通话的应用广泛。因此，推广普通话对于推动经济和社会进步具有重要意义。

在信息现代化技术方面，文字怎样写并不十分重要，最重要的是语言问题：要求社会成员掌握一门全国通用的语言，要求对语言规律有很深很全面的认识。作为素质教育的重要内容之一，推广普通话有利于贯彻教育面向现代化、面向世界、面向未来的战略方针，有利于弘扬祖国优秀传统文化和爱国主义精神，加强社会主义精神文明建设；有利于推动中文信息处理技术的发展和应用，促进科学技术的现代化，对文化和科技事业的发展意义重大。

语言文字能力是文化素质的基本因素，推广和普及普通话，提高语言文字应用能力是各级各类学校素质教育的重要内容。大学校园的用语、用字现状是社会语言文字应用的一个缩影，研究高校语言文字规范化这一课题，可以了解《中华人民共和国国家通用语言文字法》在高等院校的落实情况。这一课题的研究对于规范高校语言文字应用，对于信息时代语言文字规范化研究，对于构建健康和谐的语言生活环境，都具有重要意义。

3. 研究目的

通过相关文献，笔者系统梳理在校大学生普通话使用的情况，在对安徽某大学在校大学生展开问卷调查和对相关教师进行访问的基础上，了解安徽某大学在校大学生使用普通话的影响因素，包括地理位置、家庭教育、长期居住地、场景等；通过问卷调查，统计数据进行分析，探究以上因素对普通话的影响；通过出生地、长期居住地、家庭人员和教师的普通话水平等影响因素的分析，探究影响程度的层次。

（二）文献综述

1. 普通话研究

1955 年以前，是现代意义上的普通话定义确立之前的普通话推广和研究的史前期；1955 至 1966 年为第一阶段，是黄金时期；1966 至 1975 年为第二阶段，是萧条时期；1975 至 1985 年为第三阶段，是复苏时期；1986年到现在为第四阶段，是大发展时期。1986 年至今，中国语言文字学界共召开了两次全国语言文字工作会议。在 1986 年 1 月 6 日至 13 日召开的第一次大会上，确定了"当前"语言文字工作的第一项重要任务就是：大力推广和积极普及普通话，与做好现代汉语规范化工作并列在一起。确定了推广普通话的阶段性奋斗目标是：在 20 世纪末以前实现普通话作为四种用语，即普通话成为校园语言（各级各类学校采用普通话教学）、工作语言（各级各类机关工作时使用普通话）、宣传语言（广播、电视、电影、话剧使用普通话）与交际语言（在公共场合不同方言区的人交往基本使用普通话）。这次会议认为：20 世纪 50 年代确定的"大力提倡，重点推行，逐步普及"的方针是正确的，今后仍然适用。同时，会议还根据客观的实际情况从提高的角度考虑对不同的人应提出不同的要求，将普通话的使用水平分成三级：第一级会说相当标准的普通话，语音、词汇、语法很少差错；第二级会说比较标准的普通话，方音不太重，词汇、语法较少差错；第三级会说一般的普通话，不同方言区的人能够听懂。1992 年，根据国家语言文字工作委员会的《国家语言文字工作十年规划和"八五"计划纲要》，新时期推广普通话工作的方针被调整为"大力推行，积极普及，逐步提高"。在 1997 年 12 月23 日至 26 日召开的第二次大会上，确定了推广普通话工作的跨世纪奋斗目标：2010 年以前在全国范围内初步普及普通话，交际中的方言隔阂基本消除，受过中等或中等以上教育的公民具备普通话的应用能力，并在必要的场合自觉地使用普通话；2050 年以前在全国范围内普及普通话，交际中没有方言隔阂。2000 年 10 月 31 日，《中华人民共和国国家通用语言文字法》发布，并于2001 年 1 月 1 日开始正式实施。两次全国语言文字工作会议的召开和《中华人民共和国国家通用语言文字法》的颁布实施，是中国语言规划工作的成功典范和优秀的成果。其中关于普通话推广工作的内容，则是推广普通话工作成绩的集体展现。回顾1986年以来国家推广普通话的历程，我们能清楚地看出新时期的推广普通话工作的方针政策是必要的、科学的，而且也是合理可行的。1986年的大会召开之前，普通话推广工作已经在全国进行了整整30年。在这30年中，1955年10月15日至23日召开全国文字改革会议；紧接着于10月25日至31日召开现代汉语规范问题学术会议；1956年2月6日，国务院《关于推广普通话的指示》中最终确立现代意义上的"普通话"的科学定义，1957年6月25日至7月3日召开的全国普通话推广工作汇报会议上最终确定"大力提倡，重点推行，逐步普及"的推广普通话工作方针。

1997年的全国语言文字工作会议根据形势的需要召开了。会上确定了推广普通话工作在跨世纪语言文字工作中的重要地位以及推广普通话工作的跨世纪奋斗目标和必需的工作举措。1998年开始的"广播电台、电视台的播音员、节目主持人持普通话合格证书上岗"制度的实行，1998年开始的每年一度的"推广普通话宣传周"活动，1998年开始的全国规模的"中国语言文字使用情况调查"，以及普通话水平测试工作在教育系统的普遍开展与逐步深入和其在公务员系统的初步开展等，都为下一步的语言文字规划尤其是推广普通话工作的开展打下了良好的基础，做好了必要的理论和实践的储备。21世纪初，以商务印书馆出版的《语言战略研究》为标志，开始了以语言政策和语言规划为主要内容的专业学术研究。

2. 方言保护研究

在普通话推广工作成果显著的同时，方言保护问题也逐渐凸显。大部分的人在平时交流还是使用普通话居多，这样必定会导致方言的使用频率减少，我们在平时的交流中也发现：老一辈的人方言说得更地道，而小一辈的人方言说得与普通话接近，甚至"不知所云"。这个现象引起了我们的高度重视，在普通话普及的这一大趋势下，人们似乎忘了"本"，我们应该对方言保护工作引起重视，因此如何平衡方言与普通话的使用比例也将是推进普通话普及的一个重要问题（王志成等，2016）。

随着2015年中国语言资源保护工程开展和成果出版，方言保护研究越来越多，成果也丰硕起来。徐晶（2014）提出，推广普通话还是我们新时期的一项国策，需要不断努力，方言的发展也必须得到重视。如何达到二者之间的动态平衡，双语双方言问题也引发了学者们的思考。保护方言也要分轻重缓急，使资源的利用达到最大化，集中力量，也应该像对待中国少数民族语言一样，先做好方言活力排序工作，对其中的濒危方言更要高度重视。方言保护最有效的途径是继续通行，要让人们看到方言使用的利益和价值，把方言保护与地方经济建设结合起来，这才是方言保护的根本途径。除此之外，还要保障方言的使用领域。

郭卉（2016）提出，普通话的推广并不是对地方方言的消灭，对于各个地方而言，方言还是能够很自由地进行发展。唯一不同的是，普通话能够让本地人更好地与外地人进行基本的语言沟通，能够更好地促进社会文明的提高以及社会经济的进步。

近些年由于呼声高涨，江西省人民代表大会常务委员会2010年通过并实施的《江西省实施〈中华人民共和国国家通用语言文字法〉办法》中有关"方言"的条款解读开始显现了保护方言的意识。2012年12月由教育部、国家语言文字工作委员会发布的《国家中长期语言文字事业改革和发展规划纲要（2012—2020)》对保护方言提出了要求，明确了保护方言的必要性。

3. 影响提高普通话水平的因素研究

关于在校大学生提高普通话水平的影响因素，国内有一些学者提出过以下几点：

（1）方言区域/地域

方言母语对普通话水平影响较为显著，来自官话区的学生普通话明显好于来自吴方言、客家方言等其他方言区的学生（谢旭慧、程肇基、王艾平，2006）；汉族教师的普通话整体水平优于少数民族教师（邹渊、刘冬梅，2015）。

来自城市的大学生在接受普通话学习、培训、使用等方面条件相对要比来自农村的大学生普通话水平高，这也是造成差别的一个因素，尤其是经济欠发达地区更为明显。很多高职院校的学生来自农村，有的学生上大学之前一直处在自己家乡的方言区域环境内，自己的同学、家长、乡邻讲的是方言，甚至学校的老师上课讲的都是方言，自己从小没讲过普通话，他们已经养成了用方言讲话的习惯及发音方法（苏濛，2014）；母亲外出打工的儿童学校用语和家庭用语使用方言的可能性更大；随着年龄增长，儿童的学校用语和家庭用语都更倾向于方言，尤其是在家庭中（伏干，2016）；民族地区的教师和学生的方言情结严重（严春艳，2009）。

（2）社会政治、经济、文化的影响

整个大的社会环境中，方言被使用的频率并不比普通话少。

一些流行语言、网络语言冲击着校园的普通话教学秩序，甚至侵蚀着学生的思想，使他们把粗俗当时尚，忽略了普通话是一个人自身素质的重要体现（苏濛，2014）；时下的一些小品不是以内容取胜，而是在形式上大做文章，小品的语言大都以方言形式出现，只要有小品，众多方言就竞相登场。

一些匆匆走进直播间的年轻人往往是凭着姣好的面容，而缺乏厚重的语音功底，非普通话、误读、错读现象极为严重（汪磊，1997）。

经济发达地区的民众具有优势心理，认为他们的一切包括方言在内都处在优势地位，人为地制造了学习和推广普通话的心理障碍；经济欠发达地区的民众具有对经济优势的趋向心理，以为经济优势地区的经济、文化和方言皆为优秀（汪磊，1997）。

（3）学生自身因素

性别差异。师范生普通话水平在自认等级、经测试确认等级、过级次数、学习与运用普通话能力、难易认知这几个方面存在明显的性别差异，结果均为女生优于男生。这具体表现为女生对普通话兴趣较高且较容易接受，女生更注重追求语言的群体同一性，女生对普通话的重视程度和主观努力程度较高等（侯涛、谢旭慧，2008）。

学校语言使用中女生比男生更倾向于使用普通话（伏干，2016）。

学生性格、心理因素。在平时的普通话学习中，一些学生没有说普通话的勇气，生怕自己说的"奶油夹心普通话"被别人笑话，越是这样越不敢张嘴，形成恶性循环（苏濛，2014）。

普通话学习的动机影响。多数功利主义至上的同学，一般都普通话学习意识淡薄，学习动力不足，普通话水平不高（苏濛，2014）；学生对学习和推广普通话的重要性认识不足，学习普通话动机不纯、功利性太强（严春艳，2009）。

学科背景。学科或将来从事的职业对普通话水平也有很大影响。文科生普遍好于理科生。中文专业的过级率远远高于其他专业（谢旭慧、程肇基、王艾平，2006）。

（4）学校教育

普通话课程设置不足。普通话作为现代大学生重要的职业技能之一，在学校层面缺乏应有的重视，出现了对普通话课程任意删减、压缩学时甚至不开设的情况（邹佩佚，2016）。

李君（2013）提出，语文课与普通话推广的教学对象和推广对象都是语言文字，而这能够发挥出互补作用并互相促进，所以普通话推广应当贯穿于高校语文教育的整个过程中；民族高校对推广普通话的任务认识不足，重视不够。课程设置与普通话推广的长期性不匹配（严春艳，2009）。

当前普通话水平测试培训课程评价存在不少问题，课程目标、课程内容、教学模式、学业评价应该分别由拿证过级、侧重应试、传统单一、简单一维转变为提升为本、层级建构、创新多样和复杂多维（杨颖，2013）。

第一，普通话学习所需的软硬件配备不完善。普通话教学资料非常匮乏，图书馆很难找到与普通话相关的书籍音像资料，与英语形成鲜明对比（邹佩伏，2016）；教学方式和教材不能满足教学改革的需要（严春艳，2009）。

第二，教师的普通话不标准。普通话作为学校实施教育的最为重要的工具的观念被淡化，一些教师自己都不能用普通话进行教学，一些学生不愿用普通话进行交流（汪磊，1997）。

二、调查策划

（一）基本内容

1. 调查内容

本次调查的内容主要是安徽某大学在校学生的普通话水平、个人性格、在家庭和学校里的普通话接触情况、对推广使用普通话和方言保护的个人看法等，以此分析影响在校大学生普通话使用情况的因素。

2. 问卷内容

在对大学生普通话水平影响因素进行调查的问卷中①，内容分为社会人口特征信息和调查内容两部分。社会人口特征信息主要包括被调查者的性别、专业、家庭住址、父母普通话水平和外出务工情况；调查内容主要包括大学生的普通话水平、普通话使用场合、使用对象、小学中学和大学老师普通话授课情况，以及对家乡方言优劣势的个人评价、普通话学习中遇到的问题和回到家乡后普通话使用情况，还包括个人对方言与普通话关系的认知、对国家推广普通话和保护方言政策的态度等。

（二）调查方法

问卷调查法。主要是以被调查者自填问卷和电话询问亲友的形式，运用提前设计好的问卷了解被调查者普通话的使用情况及普通话水平的影响因素，调查人员随即当场回收问卷，以保证问卷回收率。其中，电话询问的方式是调查人员根据问卷本身内容询问被调查者，因部分被调查者不方便亲自填答，由调查人员根据被调查者的回答代为填写。自填式问卷也是由调查人员现场发放，并通过讲解和指导，由被调查者自己填答完成，这也是此次调查问卷有效回收率高的主要原因。

（三）抽样设计

1. 界定总体

进行有效的抽样，首先必须了解和掌握总体结构情况，明确界定总体范围。这次调查的抽样总体为安徽某大学在校学生。

---

① 详见附录1：大学生普通话使用情况调查问卷。

2. 制定抽样框

鉴于此次抽样的对象为安徽某大学在校大学生，依据不同的学科专业，调查人员分别建立了不同的抽样框。具体划分为 4 个抽样框，分别是文史类、理工类、医学类和艺体类。

3. 确定抽样方案

依据此次研究以了解在校大学生普通话水平的影响因素为目的，进一步结合各种抽样方法的特点，调查人员采取了简单随机抽样的方法进行调查。

4. 样本容量的选取与分配

基于此次调查以学科专业为分层标准，调查结果显示样本分布在文史类的有 130 份、在理工类的有 203 份、在医学类的有 95 份、在艺体类的有 14 份，总计 442 份。

5. 实际抽取样本

调查小组加上指导教师共 6 人，其中学生 5 人。在调查过程中，各调查人员寻找合适人群开始发放问卷，并且保证每一份问卷做到当场填写完成。在调查中尽量保持被调查者填写问卷的完整性及有效性，若问卷中存在被调查者不理解的问题，调查人员一一耐心解答。对于一些比较热心的被调查学生，调查人员可进行深度的访谈，以尽可能获取真实、详细的资料。

6. 质量监控

质量控制是保证数据有效性的前提，是资料分析形成材料的关键。因此，调查人员必须对调查的每一个环节实行严格的质量监控。

（1）调查人员的质量监控

指导教师挑选做事认真负责的同学参与本次调查，并对每个调查人员进行简单的培训，让调查人员熟悉、理解问卷内容，帮助被调查者正确理解问题并客观回答。经过预调查和多次召开调查小组会议，调查人员再次熟悉调查步骤和调查内容。

（2）问卷设计的质量监控

问卷采用的是统一自制问卷，问卷遵循严格的设计程序和设计原则。为确保问卷的可行性，我们通过两批次各 20 例的预调查，寻找问卷设计的不足，修改并反复论证问卷的可行性，同时保证问卷的信度和效度。

（3）田野调查阶段的质量监控

在每名被调查者完成问卷作答后，调查人员都要对被调查者的作答情况进行核查，及时发现问题，查缺补漏，尽量保证问卷作答的准确性和完整性，最大限度地提高问卷质量。

三、主要分析方法

定量分析较多依赖于对事物的测量和计算，强调事物的客观性和可观察性，强调现象之间的相关因素，强调各变量之间的因果联系，同时要求调查人员在调查中努力做到客观性与伦理中立。调查小组借助定量分析对调查问卷中收集到的数据资料进行整理和分析，先得到样本的分析结果，再从样本推及总体，以样本估计总体。

定性分析侧重于依赖对事物的含义、特征等的描述和理解，重视现象和行为的背景在本质上是一个归纳过程。调查小组借助定性分析，对调查过程中收集到的访谈资料进行了归纳和整理，调研人员依靠自身的实践经验以及主观判断和分析能力，推断出事物的性质和发展趋势。

尽管定量分析和定性分析的理论基础、特性和研究设计存在差异，但二者不是截然分开的，彼此存在着一定的联系：定性分析是定量分析的基本前提，定量分析是定性分析的进一步深化。二者在社会调查研究中具有一定的互补性，没有定性的定量是一种盲目的、毫无价值的定量；定量分析使定性分析更加科学、准确，它可以促使定性分析得出广泛而深入的结论。

（一）方差分析法

方差分析法的基本原理是认为不同处理组的均值间的差异基本来源有两个：

一是随机误差，如测量误差造成的差异或个体间的差异，称为组内差异，用变量在各组的均值与该组内变量值之偏差平方和的总和表示，记作 SSw，组内自由度 DFw。

二是实验条件即不同的处理造成的差异，称为组间差异。用变量在各组的均值与总均值之偏差平方和表示，记作 SSb，组间自由度 DFb。

总偏差平方和 SST ＝ SSb+SSw。

（二）李克特量表

李克特量表是总加量表的一种形式，由美国社会心理学家李克特于 1932 年在原有总价量表的基础上改进而成。李克特量表是由一组对某事物的态度和看法组成，实际应用中通常采用 5 级量表形式，即对量表中每一题目均给出表示态度积极程度等级的 5 种备选答案，如"非常好""好""一般""差""非常差"，并分别为 5 种答案计分。将一份量表中各题得分累加后即可得出态度总分，它反映了被调查者对某事物或主题的综合态度，量表总分越高，说明被调查者对某事物或主题的态度越积极。

（三）单变量统计分析

单变量统计分析分为描述统计和推论统计。此次主要采用描述统计。描述统计的主要目的在于用最简单的概括形式反映出大量数据资料所容纳的基本信息。它的基本方法包括集中趋势分析和离散趋势分析。

集中趋势分析指的是用一个典型值或代表值来反映一组数据的一般水平，或者说反映这组数据向这个典型值集中的情况。离散趋势分析与集中趋势分析相反，离散趋势分析指的是用一个特别的数值来反映一组数据相互之间的离散程度。它与集中趋势一起，分别从两个不同的侧面描述和揭示一组数据的分布情况，共同反映出资料分布的全面特征。常见的离散趋势分析统计量有全距、标准差、异众比率、四分位差等。

（四）交互分类

交互分类是一种专门用来分析两个定类变量（或一个定类变量，一个定序变量）之间关系的统计分析方法。它是将研究所得的一组数据按照两个不同的变量进行综合的分类，其结果通常以交互分类表（又称为列联表）的形式反映出来。

交互分类的作用：第一，它可以较为深入地描述样本资料的分布状况和内在结构；第二，它可以对变量之间的关系进行分析和解释。

（五）回归分析

1. 复相关分析

复相关分析是一种以一个统计值来简化多个自变量与一个因变量之间的关系的统计分析方法。它要求所有的变量都是定距以上层次的变量。它的统计值 R 表示多个自变量与一个因变量之间的相关程度，它的计算是以两变量相关的积矩相关系数 r 为基础的。R 的大小在 0 与 1 之间，R 的值越接近于 1，表示这些自变量与这一因变量之间的关系越强；反之，R 的值越接近于 0，则表示这些自变量与这一因变量之间的关系越弱。复相关系数 R 的平方 R^2 称为决定系数，具有消减误差比例的意义。

2. 多元回归分析

多元回归分析是用多个自变量来估计或预测一个因变量的数值，并了解这些自变量中的哪一个因素对因变量的影响力最大的方法。

四、调查数据分析

（一）调查样本的特征情况分析

1. 性别分布

在本次调查回收的有效问卷中，男性占总体比例的 54.3%，女性占总体比例的 45.7% 。

54.3%

性别
■ 男
■ 女

45.7%

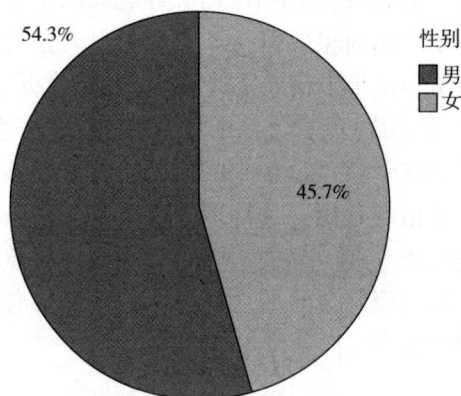

性别分布情况

2. 民族分布

在调查样本中，考虑到少数民族在普通话方面存在的问题，我们对民族分布情况也进行了调查。得到的结果是：汉族的总人数最多，占总样本的96.8%；蒙古族人数达到总体的 1.6%，回族人数占 1.4%。

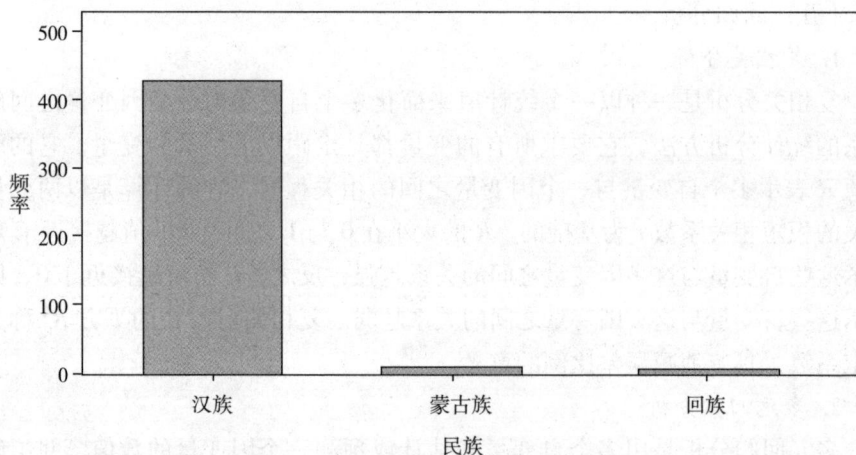

频率

民族

民族分布情况

3. 学科分布

在调查样本中，理工类人数占样本总数的 45.93%，文史类人数占样本总数的 29.41%，医学类人数占样本总数的 21.49%，艺体类人数占样本总数的 3.17%。

样本学科分布表

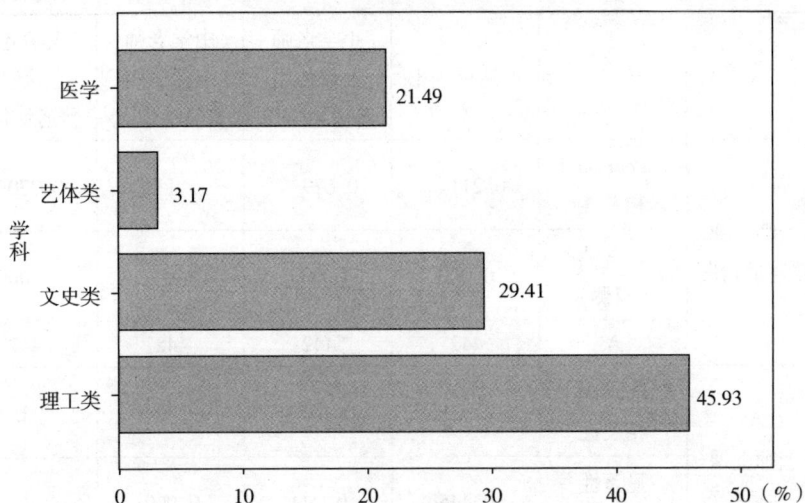

（二）相关性分析

1. 影响大学生普通话水平的因素分析

对影响大学生普通话水平的因素中的三个变量进行相关性分析，其中有效样本 442 份，无缺失值。小学和中学老师上课使用普通话情况与大学生普通话水平为正相关关系，相关关系分别是 0.095 和 0.211；大学老师上课使用普通话情况与大学生普通话水平呈负相关，相关系数 $r = -0.036$。

Pearson 相关性分析

		普通话水平	小学老师上课使用普通话情况	中学老师上课使用普通话情况	大学老师上课使用普通话情况
普通话水平	Pearson 相关性	1	0.095*	0.211**	-0.036
	显著性（双侧）	—	0.045	0.000	0.445
	N	442	442	442	442
小学老师上课使用普通话情况	Pearson 相关性	0.095*	1	0.629**	0.107*
	显著性（双侧）	0.045	—	0.000	0.024
	N	442	442	442	442

（续表）

		普通话水平	小学老师上课使用普通话情况	中学老师上课使用普通话情况	大学老师上课使用普通话情况
中学老师上课使用普通话情况	Pearson 相关性	0.211 **	0.629 **	1	0.270 **
	显著性（双侧）	0.000	0.000	—	0.000
	N	442	442	442	442
大学老师上课使用普通话情况	Pearson 相关性	−0.036	0.107 *	0.270 **	1
	显著性（双侧）	0.445	0.024	0.000	—
	N	442	442	442	442

＊. 在 0.05 水平（双侧）上显著相关。＊＊. 在 0.01 水平（双侧）上显著相关。

2. 影响大学生在大学校园内普通话的使用情况的因素分析

对影响大学生在大学校园内普通话的使用情况的因素进行相关性分析，其中有效样本 442 份，无缺失值。学习普通话时性格与在大学校园是否使用普通话有显著关系，相关性为 0.136。

性格与普通话相关性分析

		学习普通话时性格	在大学校园是否使用普通话
学习普通话时性格	Pearson 相关性	1	0.136 **
	显著性（双侧）	—	0.004
	N	442	442
在大学校园是否使用普通话	Pearson 相关性	0.136 **	1
	显著性（双侧）	0.004	—
	N	442	442

＊＊. 在 0.01 水平（双侧）上显著相关。

3. 影响大学生普通话水平与父母外出工作经历时间因素分析

对影响大学生普通话水平与父母外出工作经历时间进行相关性分析，其中有效样本 442 份，无缺失值。大学生普通话水平与父母外出工作经历时间有显著关系，分别为 0.201 和 0.049。

父母与普通话相关性分析

		父亲外出 工作经历	母亲外出 工作经历	普通话水平
父亲外出 工作经历	Pearson 相关性	1	0.665 **	0.201 **
	显著性（双侧）	—	0.000	0.000
	N	442	442	442
母亲外出 工作经历	Pearson 相关性	0.665 **	1	0.049
	显著性（双侧）	0.000	—	0.304
	N	442	442	442
普通话水平	Pearson 相关性	0.201 *	0.049	1
	显著性（双侧）	0.000	0.304	—
	N	442	442	442

＊＊. 在 0.01 水平（双侧）上显著相关。

4. 影响大学生普通话使用情况因素差异分析

（1）普通话水平与在大学中是否使用普通话之间的关系分析

为了探究普通话水平与在大学中是否使用普通话之间的关系，调查小组对两者进行了单因素 ANOVA 检验，$P = 0.000\% < 0.05\%$，近似为零，具有较强的差异性。这说明二者之间差异性较强。由此，普通话水平不影响在大学中是否使用普通话。

普通话水平与普通话使用情况

	平方和	df	均方	F	显著性
组间	13.549	4	3.387	5.196	0.000
组内	284.870	437	652	—	—
总数	298.419	441	—	—	—

（2）父母普通话水平与回家乡是否使用普通话之间的关系分析

为了探究父母普通话水平与回家乡是否使用普通话之间的关系，调查小组同样进行了单因素 ANOVA 检验，两者 $P = 0.000\% < 0.05\%$，近似为零，具有较强的差异性。这说明二者之间差异性较强。由此，我们认为父母普通话水平不影响回家乡是否使用普通话。

父母普通话水平与回家乡是否使用普通话情况

父亲普通话水平	组间	23.218	4	5.805	9.231	0.000
	组内	274.791	437	0.629	—	—
	总数	298.009	441	—	—	—
母亲普通话水平	组间	31.102	4	7.775	11.848	0.000
	组内	286.781	437	0.656	—	—
	总数	317.882	441	—	—	—

（3）性别与保持使用方言的原因之间的关系分析

为了探究性别与保持使用方言的原因之间的关系，调查小组同样进行了单因素 ANOVA 检验，得出 $P=0.208\% < 0.05\%$，不具有太大的差异性。这说明二者之间差异性较弱。因此，性别影响保持使用方言。

性别与保持使用方言方差分析结果

	平方和	df	均方	F	显著性
组间	1.462	4	0.366	1.476	0.208
组内	108.221	437	0.248	—	—
总数	109.683	441	—	—	—

五、结论与建议

（一）结论

1. 受教育情况影响大学生的普通话使用

大学生的受教育情况影响普通话的使用及水平。马海林教授指出：学习和运用普通话的意义对于下一代来说远远地大于成年人，而学校显然是孩子们学习普通话的最好场所。如果教师们的普通话不过关，那么受影响的除了本身之外，更多的是那些孩子们。同时，相关研究数据显示，在小学课堂上就已接受普通话教学的人，其明显比中学或者大学课堂再接受普通话教学的人普通话使用频率及普通话水平高，且越早接受普通话课堂教学的人越高。例如：大学生在小学阶段就有老师在上课时使用普通话，他们的普通话水平普遍较高；而在中学阶段才有老师在上课时使用普通话，他们的普通话水平大都不高。

2. 家庭情况影响大学生的普通话使用

家庭情况对大学生的普通话使用及普通话水平有很大的影响。第一，通过数据分析可以看出，常住地在城镇的大学生普通话水平比常住地在农村地区的大学生普通话水平高，且使用场合多，使用频率也较高。第二，在家庭中，父母的语言习惯也影响着子女的普通话使用。通过调查可以得出，父母普通话水平影响着大学生的普通话水平。其中，父母的旅居经历及常住地影响着他们自己的普通话水平，例如外出务工时间长的农村父母普通话水平比外出务工时间短的农村父母普通话水平高。常住地在城镇的父母比常住地在农村及郊区的父母的普通话水平高。这些因素在影响父母的普通话水平的同时，也对家庭中的子女的普通话水平产生了影响。

3. 所在地经济水平影响大学生的普通话使用

所在地经济水平也对大学生的普通话使用有所影响。经济发展与推广普通话二者之间有着密切的联系。经济发达地区推广普通话的工作较容易开展，效果也相当显著。经济发展迟缓地区推广普通话的工作难度则稍大一点，成效也相对较小。经济发达地区拥有优越的人才环境，对外交往频繁，人员流动量大等因素导致普通话推广更加便利，使用更加广泛。因此，大学生所在地的整体普通话使用情况影响着大学生的普通话使用。

4. 国家政策影响大学生的普通话使用

各级政府及相关部门都在积极宣传《中华人民共和国国家通用语言文字法》，大力推广普通话。国家关于语言方面的政策对大学生普通话使用产生了一些影响。支持国家推广普通话政策的大学生普通话水平比不支持该项政策的大学生普通话水平高。支持者由于支持该项政策而落实这项政策去学习、使用普通话，而不支持者则不愿意推广、学习普通话。两种不同的态度导致两种不同的结果。同时，国家方言保护政策也对大学生普通话使用有影响，但影响没有"推普"政策大。据调查，大部分大学生对保护方言持肯定态度，但这些大学生的普通话水平有高有低。国家政策对大学生普通话使用情况的影响主要在于国家的"推普"政策。

（二）建议

基于问卷调查以及对问卷数据的分析评估，并针对结论中保护方言和推广普通话的问题，建议如下：

1. 中小学坚持普通话课堂教学

学校是孩子们学习普通话的最好的场所，无论是城镇中小学还是乡村中小学，教师都应该坚持普通话课堂教学。尤其是乡村中小学，教师在课堂上应该正确引导孩子们使用普通话。普通话课堂教学并不意味着让孩子们抛弃方言，在课堂之外并不禁止使用方言。

2. 开展校园朗诵演讲活动

无论是大中小学，都应多开展校园朗诵演讲活动。朗诵演讲比赛可以调动学生学习普通话的热情，加强练习，多说普通话。

3. 学校积极组织"推普"活动

每年9月份"推普"周期间可以由高校语委办公室牵头，各部门联合大力宣传，开展系列活动。例如，校内悬挂"推普"横幅，广播站进行有针对性宣传，开展"推普"班会，普通话测试站进行"推普"讲座、规范字测试，团委进行中华经典诵写讲大赛等。开展这些活动，既可形成浓厚的"推普"气氛，又对广大师生产生潜移默化、耳濡目染的影响。这样做既可锻炼学生说普通话的胆量，也有利于帮助学生克服说普通话过程中出现的某些心理障碍。

学校也可以积极组织学生参加省市或高校自建普通话测试站组织的普通话水平测试，使学生产生说好普通话的紧迫性，以压力产生动力。

4. 保护方言文化资源

我国是当今世界上语言资源最丰富的国家之一，既有使用人口众多、地域分布广泛、历史悠久、文化内涵丰厚的语言，如汉语、藏语；也有很多具有独特性、稀缺性、战略性的语言，如分布在我国边境地区的语言中有几十种属于跨越两国甚至多国的跨境语言。汉语中粤语为粤港澳地区共用，闽南话为闽台地区共通，粤语、闽语、客家话等方言还大量分布在东南亚、欧洲、北美甚至太平洋诸岛，它们在维护祖国统一、加强与海外华人华侨沟通方面具有不可替代的重要作用[1]。

普通话是现代汉民族共同语，推广普通话的最终目的不是消灭方言。相反，国家已经认识到保护方言文化资源的重要性。"失去方音，乡愁何处安放？"（曹志耘，2021）党和政府高度重视保护语言资源，传承语言文化，高度重视语言多样性在增强中华民族共同体意识和构建人类命运共同体中的作用。

在汉语方言和少数民族语言日渐萎缩之际，科学有效地保护语言资源，为传承弘扬中华优秀传统文化奠定基础。要通过科学规划，利用现代技术手段，全面调查并保存当今我国的汉语方言、少数民族语言和口头文化的实态语料，及时抢救保护濒危语言方言，对传承弘扬中华优秀传统文化、推动中华优秀传统文化创造性转化和创新性发展具有重要意义。

---

[1] 曹志耘：发掘语言宝藏的价值——我国语言资源保护的现状和意义，《光明日报》2021年5月3日第5版。

第四节　主要方言点概述

皖西南人文荟萃，是桐城派的发祥地。境内各市县的方言资源十分丰富，很多地方保留了不少方言文化"活化石"，对江淮官话、赣语、吴语及"楚语"的研究都有非常重要的意义。对皖西南各市县主要方言调查点的地理及人文历史状况作简要叙述如下。

一、安庆市区①

东周时，安庆是古皖国所在地，"皖"为"美好"之意，"皖山皖水"意为"锦绣河山"。安徽潜山有天柱山，是大别山脉的最高峰，古时候是皖国皖伯大夫的封地，天柱山也被称为皖山。汉武帝封禅天柱山，称之为南岳，旧称衡山。山下的河流叫皖河（皖水，潜水），注入长江；山下之城，叫皖城。安徽省的简称"皖"，即源于此。

安庆市自古就是沟通南北、贯通东西的交通要道，东连宁、沪，西接汉、渝，史称"上控洞庭，下扼京口，分疆则锁南北，坐镇则呼东西"。

南宋绍兴十七年（1147）改舒州德庆军为舒州安庆军，"安庆"自此得名。安庆城始建于嘉定十年（1217），至今已有800多年的历史。东晋诗人郭璞曾称"此地宜城"，故安庆别名"宜城"。后因战乱，安庆府于端平二年（1235）移治罗刹洲、杨槎洲；直至景定元年（1260），沿江制置使马光祖为了阻止蒙古大军从水路进攻南宋国都临安（今杭州市），废舒州府为新安庆府（治址在今安庆市），并迁怀宁县治附郭。从此，府治稳定不移，"安庆"才作城镇地名，并与行政区名称（府、道、专区等）相一致，沿用至今。

安庆建城以后直至清末，均为安庆府治和怀宁县治。因为安庆的地理位置十分重要，故明末以来的巡抚亦持节镇守于此。清乾隆二十五年（1760）至1937年，安庆同时又是安徽省布政使司和安徽省会所在之地。

新中国成立后，安庆专区属安徽省领导。1970年，安庆专区改称安庆地区，地区驻安庆市，辖安庆市及桐城、枞阳、怀宁（驻石牌镇）、望江、宿松、太湖、岳西、潜山（驻梅城镇）等9市县。1979年，安庆市改由省直辖；1988年，撤销安庆地区，所属的桐城县、怀宁县、枞阳县、潜山县、太湖县、宿松县、望江县、岳西县划归安庆市。

安庆地区素有"文化之邦""戏剧之乡""禅宗圣地"的美誉。是《孔雀

---

① 参考 http：//baike. baidu. com/view/17885. htm？fromId=7574，参考安庆市文化志编纂委员会《安庆市文化志》，黄山书社，1999。

东南飞》、"大乔小乔""皖河鲇鱼头渡口遗址""不越雷池一步""六尺巷"等著名故事的发生地。古皖文化、禅宗文化、戏剧文化和桐城派文化在这里交相辉映，形成了独具特色的地方文化。

二、桐城市①

桐城市位于安徽省中部偏西南，西依大别山南麓，南滨长江并与怀宁县和安庆市郊相抵，东邻庐江、枞阳两县，西连潜山县，北接舒城县。

古县文化名于宋，崛起于明，鼎盛于清，尤以"桐城派"古文著称天下。

夏、商、西周时期，桐城属扬州；春秋为桐国，先属楚，后属越；战国属楚；秦属九江郡；西汉属庐郡；东汉为龙舒侯国，属庐江郡，隶属扬州刺史部；三国为舒地；初属魏，后属吴；西晋复名为龙舒，属扬州庐江郡；东晋改龙舒为舒县，初属豫州庐江郡，继属豫州晋昌郡，后属豫州晋西郡；南北朝宋、齐改舒县为阳安县，后为吕亭左县，复为舒县，属庐江郡；梁、齐，改舒县为枞阳郡，同时恢复西汉枞阳县；隋改枞阳县为同安县属熙州，大业三年（607）改属同安郡，大业九年筑同安故城于县郭东门外（今市治）。唐武德四年（621），改同安郡为舒州，同安县属舒州；天宝元年（742），复改为同安郡，至德二年（757）改同安县为桐城县，县名此始；五代属南唐舒州；北宋先舒州，后属德庆军；南宋先属安庆军，后属安庆府；明代先属江宁府，后属安庆府；清代先属江南省安庆府，后属安徽省安庆府；民国初属安庆府，继属安庆道，抗战胜利后属安庆专署。新中国成立后，桐城先属皖北行政公署安庆专区，后属安徽省安庆行政公署，后属安庆市，现属省直辖市，暂由安庆代管。1996年8月，桐城撤县设市（县级），归安庆市管辖；2006年10月改为省辖。

桐城历史悠久，文风昌盛，为江淮文化圈的发祥地和集中地。春秋至今，人文勃兴，代有英才。"五里三进士、隔河两状元"和"父子双宰相"等说法就是此处人文盛况的写照。明末以来，桐城文化异峰突起，"桐城派"古文著称天下。近现代桐城名人有美学宗师朱光潜，一代大哲方东美，革命家、外交家黄镇，农工民主党创建人章伯钧，计算机之父慈云桂等。桐城因此而享有"文都"盛誉。

---

① 1. 参考 http://cul. anhuinews. com/system/2008/07/16/002065237. shtml 2. 参考《桐城县志》，黄山书社，1995年。

三、枞阳县①

枞阳县隶属铜陵市，位于皖西南部的长江北岸，西以白兔湖、菜子湖与桐城共水，西南一隅与安庆市区比邻；北与无为县、庐江县接壤；东南与铜陵、池州市隔江相望。

西周时枞阳县为宗子国；西汉元封五年（前106）置县；晋代陶侃等任枞阳令；隋开皇十八年（598）改为同安县；唐至德二年（757），改为桐城县；1949年2月分桐城为桐城、桐庐两县；新中国成立后，改桐庐为湖东县；1955年7月1日，湖东县更名为枞阳县。

枞阳人崇文尚武，人杰地灵，史称"诗人之窟、文章之府、气节之乡"，作为文化之乡，源远流长，尤其是到了明清之季，重教兴学之风大起。影响清代文坛200余年的桐城文派"三祖"均出生于枞阳。新中国成立后，黄梅戏发展迅速，现成为枞阳的一大剧种。枞阳人的重文习武，为悠久的历史文化点缀了耀眼的光环。

四、怀宁县②

怀宁县隶属安庆市，位于皖西南交通要塞，长江下游北岸，大别山南麓前沿；东临安庆，南枕长江，东南、东北分别与东至县、桐城市相邻；西、西南分别与潜山县、太湖县接壤。国土面积1276平方千米，辖20个乡镇，

东晋义熙年间（405—418），晋安帝复位，取"永怀安宁"之意，立县曰"怀宁"。南宋景定元年（1260），怀宁县城随安庆府迁至宜城（今安庆市），府县同治，史称"首府首县"。1950年，怀宁县城迁至石牌镇；2002年1月，再迁至高河镇。

怀宁县人杰地灵，俊才辈出，四海闻名。这片土地上，曾孕育了"千年一人"的清代书法大师邓石如、中国共产党主要创始人陈独秀、我国"两弹元勋"邓稼先和现代著名诗人海子等盖世英才。怀宁素有"戏曲之乡"的美誉，是被誉为京剧之父的徽剧和全国地方剧种之首的黄梅戏的发祥地。

---

① 1. 参考 http：//zh. wikipedia. org/wiki/% E6% 9E% 9E% E9% 98% B3% E5% 8E% BF 2. 参考《枞阳县志》，黄山书社，1998年。
② 1. 参考 http：//zh. wikipedia. org/wiki/% E6% 80% 80% E5% AE% 81% E5% 8E% BF 2. 参考怀宁县地方志编纂委员会《怀宁县志》，黄山书社，2005年。

五、潜山市①

潜山市位于安徽省西南部，安庆市西北部，总面积为 1686.03 平方千米。境内古南岳天柱山雄、奇、灵、秀兼备，为中国重点风景名胜区、国家森林公园。

周朝时，潜山为皖国所辖，皖国都城就在今潜山县城；唐代时，潜山县曾为舒州治所。明洪武元年，置潜山县迄今。民国初年，安庆府被废，潜山县直属安徽省。1949 年 4 月，潜山县属皖北行署安庆专署；1979 年年底，安庆专区改为安庆地区，再后改为安庆行署。20 世纪 90 年代，地市合并为安庆市，潜山县相沿隶属之。2018 年 7 月 14 日，经国务院批准，同意撤销潜山县，设立县级潜山市。

潜山素有"皖国古都、二乔故里、安徽之源、京剧之祖、禅宗之地"的美誉。

六、太湖县②

太湖县位于安徽省西南部、大别山区南缘，东邻潜山、怀宁，南连望江，西南接宿松，西邻湖北蕲春、英山，北毗岳西，总面积 2031 平方千米。

西汉时，太湖县为湖陵邑地，属庐江郡；东汉时省湖陵，入皖县；南朝宋元嘉二十五年（448）立太湖左县，属晋熙郡；南朝齐建元二年（480），立龙安郡，领太湖左县和东陈县（县治在今小池镇后河村）；南朝陈太建五年（573）废龙安郡及东陈县，独存太湖左县；隋开皇三年（583），废郡置州，晋熙郡改名熙州，太湖左县改名晋熙县；隋开皇十八年（598），晋熙县复名为太湖县；唐武德四年（621），析县地置青城、荆阳二县，三年后为太湖，属舒州，县名沿用至今；南宋及明清，太湖属安庆府；民国时期，属安徽省安庆道、安徽省第一行政督察区、安庆专区。太湖解放后，初属皖北行政公署安庆专区，后属安徽省安庆专区，现隶属安庆市。

太湖山川，毓秀钟灵，被誉为状元之乡，文化之邦，也是中国佛教禅宗文化的发祥地，赵朴初先生就生长在太湖县花亭湖畔。

---

① 1. 参考 http：//zh. wikipedia. org/wiki/% F6% BD% 9C% E5% B1% B1% E5% 8E% BF 2. 参考潜山县地方志编纂委员会《潜山县志》，黄山书社，1993 年。
② 1. 参考 http：//zh. wikipedia. org/wiki/% E5% A4% AA% E6% B9% 96% E5% 8E% BF 2. 参考太湖县地方志编纂委员会《太湖县志》，黄山书社，2008 年。

七、望江县①

望江县，古称泽国水乡，地处长江下游北岸，皖西南边缘；东南与东至、彭泽两县隔江相望，西南与宿松共泊湖为邻，西北枕大、小茗山与太湖县接壤，北依皖水与怀宁为界。望江县东西最大长度54千米，南北最大宽度43千米，总面积1357.37平方千米。

望江县在夏、商时期属扬州地域，西周时属舒国，春秋时前属吴，后属越，秦时属九江郡，西汉时属淮南国，东汉、三国、西晋时均属庐江郡。东晋隆安至元兴年间（397—404）置大雷戍；义熙元年（405）始设新冶县，属豫州晋熙郡。南朝陈天嘉年间（560—565）升新冶县为大雷郡，属江州；隋开皇十一年（591）改大雷郡为义乡县，属熙州；开皇十八年（598）改义乡县为望江县，属同安郡。唐武德四年（621）改望江县为高州，属舒州同安郡，随后又更名为智州。至德二年（757）复望江县，属淮南道同安郡。北宋至道初（995—997）望江属淮南路舒州。南宋绍兴十七年（1147）望江属淮西路安庆军；庆元元年（1195）属淮西路安庆府。元至元十四年（1277）改府为路，望江属蕲黄宣司安庆路；至元二十三年（1286）废司置省，望江属河南江北行省安庆路。明洪武初，望江属南京宁江府，洪武六年（1373）属南京安庆府。清顺治二年（1645）望江属江南省安庆府；雍正三年（1725），江南省析为安徽省和江苏省，望江属安徽省安庆府。1912年裁府，望江直属安徽省；1932年属安徽省第一行政督察区；1945年属安徽省安庆专员公署。1949年3月28日望江解放，属皖北行政公署安庆专署。1952年皖南、皖北行署合并为省，望江属安徽省行政公署。1977年改称为安庆行政公署，至今望江县均属其所辖。三孝故地，深厚的历史文化积淀，造就了淳朴憨厚、诚实守信的民风美德和独具特色的"雷池文化"。

八、岳西县②

岳西县位于大别山东南腹地、皖西南边陲，地跨长江、淮河两大流域，与霍山、舒城、潜山、太湖及湖北省的英山等接壤，总面积2398平方千米，现辖24个乡镇。

岳西县历史上分属四县，大别山主脉延伸境内的多丛山脉以北为霍山县、舒城县，以南为潜山县、太湖县；西周时，诸侯分治，境地南属皖国，东北

① 参考1. http：//zh. wikipedia. org/wiki/%E6%9C%9B%E6%B1%9F%E5%8E%BF 2. 望江县地方志编纂委员会《望江县志》，黄山书社，1995年。

② 参考1 http：//zh. wikipedia. org/wiki/%E5%B3%B3%E8%A5%BF%E5%8E%BF2. 岳西县地方志编纂委员会《岳西县志》，黄山书社，1996年。

属龙舒国，西北属楚国潜邑；秦朝，南属庐江郡、北属九江郡、衡山郡；汉朝，初属衡山国，后属庐江郡，东北属龙舒县，西北属潜县，南属皖县；东汉建安五年（200）魏占，十九年入吴；三国时，南属吴庐江郡皖县，北属魏博安县、六安县；晋代，西晋沿袭吴庐江郡制，改魏博安县复置潜县，六安县南复置舒县；东晋义熙元年（405）改皖设晋熙郡和怀宁县，属豫州；境地北属潜县、舒县，南属怀宁县。南北朝，刘宋元嘉二十五年（448）析怀宁县置太湖左县，境内东南属晋熙郡怀宁县，西南属太湖左县，西北属岳安郡岳安县，东北属庐江郡舒县。隋朝，改岳安县为霍山县，改太湖左县为晋熙县，改晋熙郡为同安郡，舒县并入庐江县；开皇十八年（598），晋熙县改名太湖县；境地北属庐江郡霍山县、庐江县，南属同安郡怀宁县、太湖县。唐朝，开元二十三年（735）析庐江县置舒城县，二十七年霍山县并入盛唐县；天宝元年（742）复置霍山县，境内北属庐州舒城县、寿州霍山县，南属舒州怀宁县、太湖县，三州统属淮南道。五代十国时，后梁、后唐时属吴；后晋、后汉时属南唐；怀、太、舒、霍四县建置未变。北宋时，开宝四年（971），废霍山县为故埠镇入六安县；政和五年（1115），同安郡改为德庆军，境内南属舒州德庆军怀宁县、太湖县，北属寿州六安县、庐州舒城县；南宋绍兴十七年（1147），德庆军改为安庆军，怀、太、舒、六四县建置未变；两宋时统属淮南西路。元朝，至治三年（1323）析怀宁县置潜山县，境地南属安庆路潜山县、太湖县，北属庐州路舒城县、六安县。明朝，撤路设府，弘治七年（1494）分六安、英山两县地复置霍山县；境地南属安庆府潜山县、太湖县，北属庐州府霍山县、舒城县，两府先后上属江南行省、直录中书省、六郡、南京（又称南直隶）。清朝，初属江南省，康熙六年（1667）裁江南省设江苏、安徽两省，境地属安徽省安庆府潜山县、太湖县和庐州府舒城县，直隶六安州霍山县。1912年，废州府，各县直属安徽省；1914年6月设道，境地分属安庆道潜山、太湖县，淮泗道霍山、舒城县。1932年10月设行政督察专员公署，潜山、太湖属第一专区，舒城、霍山属第三专区；1936年元月，国民政府为"剿匪"的需要，析潜、太、霍、舒四县边境设立新县，因区域"适居潜岳之西"，故名岳西县。

抗战爆发后，日军沿江而上，岳西县东南邻县沦陷。1937年，岳西全境解放，属皖西一分区；1938年，属皖北行署安庆专区；新中国成立后，行政归属没发生变化。1952年，皖北行署与皖南行署（省级）合并成立安徽省。1971年，安庆专区改称安庆地区。1979年，安庆地区改称安庆行署，岳西县隶属未变。

九、宿松县①

宿松县地处长江下游顶段北岸，大别山南麓、皖江之首，东与望江县共抱泊湖，西北与湖北省黄梅县、蕲春县毗邻，东北与太湖县接壤，东南与望江县相连，南与江西省湖口县、彭泽县隔江相望，为皖西南门户，是安徽文明古老县份之一。全县辖9个镇、13个乡，国土面积2394平方千米。

汉高祖四年（前203），设松滋侯国，隶属庐江郡，宿松始有行政建制；文帝十六年（前164）建县，汉平帝五年（5）称松滋县，晋成帝咸和二年（327）设松滋郡，梁武帝天监初称高塘郡，隋文帝开皇十八年（598）始称宿松县，一直沿用至今。

宿松，含旧松滋之义。唐、宋、明、清初，隶属几经变更，至清顺治二年（1645）正式属江南布政司安庆府；1912年直属安徽省，1932年10月以后属第一专区；新中国成立后，隶属安庆地区、安庆市。

第五节　调研信息及体例说明

一、方言代表点及相关语料来源

本书涉及的皖西南方言语料，基本来源于作者2012年8月至2013年6月期间，到皖西南各市县的田野调查。除此之外，书中还参考了国家语保工程安徽省方言调查成果和一些已刊发的语料成果（大部分在文中注释），主要有：合肥师范学院方言调查组《安徽方言概况》（1962内部发行），北京大学中文系语言学教研室《汉语方言词汇》（1964），曾国祥《瑞昌方言语音系统》（1983），陈章太、李行键《普通话基础方言基本词汇集》（1996），安徽省地方志编纂委员会《安徽省志·方言志》（1997），李荣等《现代汉语方言大词典》（1998），许宝华等《汉语方言大词典》（1999），吴波《合安方言音韵研究》（2004），陈凌《湖口方言语音研究》（2005），孙宜志《安徽江淮官话语音研究》（2006），刘俐李《现代汉语方言核心词-特征词集》（2007），曹志耘等《汉语方言地图集（语音、词汇、语法）》（2008），黄拾全《皖西南方言语音研究》（2008），杨帆《鄂东方言词汇研究》（2009），张家异《黄梅小池方言语音研究》（2012）及李江帆《湖北蕲春方言语音研究》（2012）等。

皖西南各市县为方言调查点的选取，考虑到因为语音、词汇及语法等的

---

① http://baike.baidu.com/view/457578.htm? fromId＝394376；宿松地方志编纂委员会编写的《宿松县志》，1991年。

不同项目，尽可能发现相关资料的不同点，即使是同一市县，也会找不同的发音合作人来完成。

本区的主要方言调研点：安庆市区的宜秀区和大观区；桐城市的金神镇和蔡店乡；枞阳县的项铺镇；怀宁县的金拱镇人形村、高河镇及石牌镇；潜山县的槎水镇、王河镇及源潭镇；望江县的华阳镇和漳湖镇；太湖县的金钟村和徐桥镇；岳西县的温泉镇、菖蒲镇；宿松县的下仓镇、隘口乡、凉亭镇。

二、发音合作人的基本信息

姓　名	性别	出生地	调研时年龄（2013 年）	文化程度
吴美琴	女	安徽省安庆市市府路	68	中专
昝林萱	女	安徽省安庆市龙眠山路 70 号	22	本科
方庆生	男	安徽省桐城市金神镇包圩村	46	大专
方国富	男	安徽省桐城市蔡店乡三元村	61	高中
疏　勇	男	安徽省枞阳县项铺镇徐岗村	42	大专
汪守甜	男	安徽省怀宁县金拱镇人行村	62	高中
张中柱	男	安徽省怀宁县高河镇红旗村	80	中师
陈银龙	男	安徽省怀宁县石牌镇石牌职中	41	本科
刘太东	男	安徽省潜山县槎水镇逆水村	25	大专
陈能秀	女	安徽省潜山县王河镇中和村	68	小学
韩　英	女	安徽省潜山县源潭镇	47	高中
吴玉玲	女	安徽省望江县漳湖镇	26	本科
童文媛	女	安徽省望江县华阳镇	78	中师
陈金华	男	安徽省望江县华阳镇	36	大专
何群华	女	安徽省太湖县金钟村	31	大专
张洪波	男	安徽省太湖县徐桥镇	45	大专
王　瑛	女	安徽省岳西县菖蒲镇	39	大专
王先宇	男	安徽省岳西县温泉镇后山村	24	本科
谢绍国	男	安徽省宿松县下仓镇九成村	33	研究生
周晓庆	女	安徽省宿松县隘口乡	26	本科
张晓红	女	安徽省宿松县凉亭镇	52	中师

三、书中语料体例及说明

（一）汉语方言常用国际音标

1. 国际音标输入

国际音标输入，采用上海师范大学潘悟云先生的 IpaPanADD 字体。附录 2 参考社科院语言所的"汉语方言调查表（2009）"，列出所需的汉语方言常用的国际音标①。

2. 声调的标注

第一，调值用五度标记法标识具体声调数值，最低点为 1，最高点为 5，单字具体调值用分析比较的方法确定。

第二，调类标识时用发圈法②，分别列举本书所采用的调值如下表：

阴平 ᴄ□	阳平 ᴄ□	上声 ᴄ□	去声 □ᴄ	阴去 □ᴄ
阳去 □ᴄ	高入 □ᴄ	低入 □ᴄ	阴入 □ᴄ	阳入 □ᴄ

（二）相关说明及其他符号使用凡例

第一，书中的文白异读字，在其下方加下划线：白读音的加"＿＿"，文读字加"＿＿"。

第二，用"□"表示目前还没有考证出本字，意义或用法在其后加注说明。

第三，所列字的下面加波浪线"﹏﹏"的，表同音代替字。

第四，"+"表具备该特征，"－"表不具备该特征，"/"表可选项分隔号。

第五，对某些字的意义或用法注释或说明，注解方式有三种：直接释义，先释义后举例（中间用逗号隔开），只举例不释义。本书多采用第二种释义方法，且多在释义字用国际音标表音；文中用"～"代替被注字。

---

① 元音辅音的音韵地位、发音部位及发音方法见附录"汉语方言常用的国际音标列表"。
② 调类的高入、低入，采用孙宜志（2006）的说法。

第二章　语音及其过渡性特征

第一节　各市县方言的音系

一、枞阳县方言音系（项铺镇）

（一）声母（含零声母，共19个）

p 巴补背白	pʰ 怕佩排盆	m 马麦眉默	f 飞吠冯付	
t 大到洞德	tʰ 太土同塔	n 拿年腊辣		
k 高盖过功	kʰ 开可孔睏	ŋ 哑牙丫鸭	x 花好横坏	
tɕ 鸡姐最罪	tɕʰ 吃气祈切		ɕ 喜洗写吸	
ts 自组争吵	tsʰ 此迟初册		s 丝师扫收	z 日人认绕
∅ 衣乌吴屋				

关于声母的简要说明①：

① 无浊塞音、浊塞擦音及浊擦音声母。古浊塞音、塞擦音及擦音清化，平声送气，仄声不送气。如："田、头、藤"，读 tʰ 声母；"定、盗、毒"，读 t 声母。

② [n] 和 [l] 不分，均接近 [n] 读音。

③ 不区分平翘舌②。古精组今读与知三章组今读音类部分相同，部分不相同，因读音洪细有所区别，如住 tɕy˥、全 ɕtɕʰiẽ、从 ɕtsʰən、虫 ɕtsʰuən。

④ 疑母和影母均保留部分 ŋ 声母，如爱 ŋɛ˥、熬 ɕŋɔu、丫 ɕŋa 等。

⑤ 部分见系字声母没有腭化，读 [k、kʰ、x] 音，如家 [ka]、敲 [kʰ

---

① 吴波（2004）、汪萍（2012）记录枞阳的杨湾镇和会宫乡、雨坛乡的方音时，吴文认为，精组、知系、见系部分字读塞音：t、th，均出现在介音（部分是主元音）y 或 u 前。（"爹"除外），汪文则记作ȶ和ȶh。

② 孙宜志（2006）记录枞阳汤沟镇，部分区分平翘舌。

ɔ]、咸〔xã〕等。

（二）韵母（含自成音节的 ṇ，共41个）

ɿ　字纸词思	i　比币米里	u　补铺付葡	y　鱼书雨吕
a　巴爬妈发	ia　加夏假霞	ua　瓜夸画化	—
e　北拍车责	ie　别撇灭结	ue　物	ye　决缺靴热
ɛ　摆稗排买	iɛ　介阶届懈	uɛ　怪怀淮衰	—
o　脖母耳二	io　学略药	uo　窝括扩或	—
ɤ　木只尺日	iɤ　笔笛迷必	uɤ　骨哭忽屋	yɤ　竹出粥述
ɔ　包跑猫闹	iɔ　标票秒调	—	—
ei　杯悲胚飞	—	uei　追垂水微	yei　瑞锐蕊芮
ɔu　度偷奴候	iɔu　丢牛流秀	—	—
ã　班盼忙帐	iã　娘江抢匠	uã　矿双万望	—
õ　半伴汗瞒	—	uõ　观款换碗	—
ẽ　占展善扇	iẽ　变偏免联	—	yẽ　远染玄劝
ǝn　奔盆门等	iǝn　并丙金银	uǝn　捆婚唇均	yǝn　云绒勇用
ṇ　尔（你）			

关于韵母的简要说明：

① 对应普通话里不少复元音韵母，枞阳方言变成单元音韵母，如普通话里的〔ei〕、〔ai〕和〔au〕，分别对应枞阳话的〔e〕、〔ɛ〕和〔ɔ〕。

② 和声母没有平舌翘舌之分相对应，韵母只有舌尖前元音韵母〔ɿ〕，而没有舌尖后元音韵母〔ʅ〕。

③ 没有前后鼻音〔n〕和〔ŋ〕的区别，咸、山、宕、江四摄在枞阳方言里读作鼻化音〔ã〕和〔iã〕和〔uã〕，覃谈寒山韵中有些韵白读作〔õ〕，如：干肝看汗搬伴。

④ 入声韵尾不明显，发入声字音时，有少许喉头紧张，不记入声尾。

（三）声调（5个独立声调）

调　类	调　值	例　字
阴平	31	高猪专尊方安天
阳平	13	时题穷才平寒扶
上声	224	古展短口丑楚走

（续表）

调 类	调 值	例 字
去声	53	四唱菜怕嫁愧帅
入声	55	鳖撇铁曲月入白

关于声调的简要说明：

① 阴平单字音可以延长。

② 上声是个平升调。

③ 保持入声调，比 5 长，记作 55。

二、桐城市方言音系（金神镇）

（一）声母（含零声母，共 22 个）

p 布步别败	pʰ 怕佩排盆	m 马麦门眉	f 飞费冯付	
t 大到夺德	tʰ 太土同铁	n 难兰拿辣		
ts 糟自争怎	tsʰ 此粗初锄		s 丝思师事	
tʂ 蒸主举中	tʂʰ 处虫穷去		ʂ 诗书胸虚	ʐ 日人认绕
tɕ 鸡精金酒	tɕʰ 吃气旗切		ɕ 喜休写吸	
k 高盖过光	kʰ 开可孔睏	ŋ 爱袄丫鸭	x 花好河湖	
Ø 衣乌屋软				

关于声母的简要说明：

① 无浊塞音、浊塞擦音及浊擦音声母。古浊塞音、塞擦音及擦音清化，平声送气，仄声不送气。如："田、头、藤"，读 tʰ 声母；"定、盗、毒"，读 t 声母。

② [n]、[l] 为自由变体，以读作 [n] 为主，记作 [n] 音位。

③ 区分平舌、翘舌音，舌尖后音（tʂ、tʂʰ、ʂ）、舌面后音（k、kʰ、x）与 [u] 类或 [ʮ] 类韵母相拼时唇化。

④ 疑母和影母均保留部分 [ŋ] 声母，如爱 ŋɛ˥˩、熬 ɕŋɔ、丫 ɕŋa 等。

（二）韵母（含自成音节的 n̩，共 52 个）

ɿ 字资词思			
ʅ 知支持市	i 比弟米蛆	u 布铺付午	ʮ 鱼书虚除
a 巴爬妈打	ia 加家夏霞	ua 瓜夸花画	

（续表）

e	遮者车蛇	ie	借夜灭结			ɥe	决缺靴瘸
ɛ	摆盖太买	iɛ	介戒届懈	uɛ	怪拐块怀	ɥɛ	拽揣甩帅
o	波我左歌			uo	过课扩河		
ɔ	包猫闹二	iɔ	标票秒调				
ei	杯妹对队			uei	微贵盔灰	ɥei	瑞税吹水
əu	度偷组周	iəu	丢牛流秀				
an	胆党忙张	ian	娘江枪抢	uan	光关万望	ɥan	妆床闯双
on	半盘瞒酸			uon	官款换碗		
en	占展缠扇	ien	变联严免			ɥen	元染船权
ən	奔门增争	iən	并丙林灵	uən	捆睏婚红	ɥen	云绒穷中
aʔ	答塔辣捺	iaʔ	甲胛押夹	uaʔ	刮滑	ɥaʔ	刷
oʔ	各合割脱	ioʔ	药约	uoʔ	活豁国郭		
eʔ	百北拍色	ieʔ	铁贴篾灭			ɥeʔ	月热缺说
əuʔ	日直木促	iəuʔ	踢	uəuʔ	骨窟哭	ɥəuʔ	竹出粥述
n̩	尔（你）						

关于韵母的简要说明：

① 对应普通话里不少复元音韵母，桐城方言变成单元音韵母，如普通话里的［ai］、［au］，分别对应桐城话的［ɛ］和［ɔ］。

② 和声母区分平舌、翘舌音相对应，韵母有舌尖前元音和舌尖后元音韵母［ɿ］及［ʅ］。

③ 没有前后鼻音［n］和［ŋ］区别，an 类、on 类及 en 类韵母的主要元音有鼻化趋向，但不是特别明显，仍记作鼻音韵母。

④ 有不明显入声韵尾，发入声字音时，喉头稍许紧张，记作［ʔ］①。

（三）声调（5 个独立单字声调）

调　类	调　值	例　字
阴平	21	高开婚专尊方安
阳平	13	时题穷才平寒扶

---

① 杨自翔（1989）记录桐城县城方言有边音韵尾，石沧浪（2007）记录桐城新渡镇方言也认为有边音韵尾。

（续表）

调　类	调　值	例　字
上声	24	古展短口丑楚走
去声	42	四菜怕嫁帅抗岸
入声	5	鳖撇铁曲月入合

关于声调的简要说明：

① 阳平单字音声调是平升调，接近113。

② 上声单字调是个平升调，接近224。

③ 有短促入声调，记作5。

三、安庆市区方言音系（大观区）

（一）声母（含零声母，共22个）

p 布步别白	pʰ 怕佩排盆	m 马麦门眉	f 飞费冯付
t 大到夺德	tʰ 太土同铁	n 难兰拿辣	—
ts 糟早争脏	tsʰ 此粗初锄	—	s 丝师生事
tʂ 蒸主举中	tʂʰ 处虫春驱	—	ʂ 诗书筛虚
tɕ 鸡精金酒	tɕʰ 吃气旗切	—	ɕ 喜休写吸
k 高盖过光	kʰ 开可孔晒	ŋ 爱我丫鸭	x 花好河湖
∅ 衣乌屋软	—	—	—

关于声母的简要说明：

① 无浊塞音、浊塞擦音及浊擦音声母。古浊塞音、塞擦音及擦音清化，平声送气，仄声不送气。如："田、头、藤"，读 tʰ 声母；"定、盗、毒"，读 t 声母。

② [n] 和 [l] 不分，以读 [n] 为主；与齐齿呼相拼时，有舌面化倾向，近 [ɲ] 音。因不具别义作用，本书一律记作 [n]。

③ 区分平舌、翘舌音，舌尖后音（tʂ、tʂʰ、ʂ）、舌面后音（k、kʰ、x、ŋ）与 u 类或 ʯ 类韵母相拼时唇化。

④ 疑母和影母一、二等字开口呼读 ŋ，如：我 ⊂ŋo，眼 ⊂ŋan，硬 ŋən²，合口呼读作 ∅（u），如：五 ⊂u，湾 ⊂uan；三、四等字开口呼疑母多读 n，如：牛 ⊂niəu，砚 nien²，影母读 ∅（i），如：衣 ⊂i，烟 ⊂ien，合口呼读作 ∅（u-，ʯ-），如：为 ⊂uei，鱼 ⊂ʯ，圆 ⊂ʯen。

⑤〔x〕擦音不很明显，接近〔h〕音，文中仍记作〔x〕。

（二）韵母（含自成音节的 ņ，共 40 个）①

ꓩ 资词思柿			
ꓩ 知池诗日	i 比皮弟妻	u 布铺付午	ʮ 鱼书虚厨
ɚ 儿二而耳			
a 巴爬妈打	ia 加家芽霞	ua 瓜夸花刷	
e 北遮车热	ie 夜爷别灭	ue 国或物	ʮe 决缺靴瘸
ɛ 摆盖太买	iɛ 介懈届械	uɛ 怪拐揣帅	
o 波坡左歌	io 虐脚学药	uo 窝屙讹卧	
ɔ 包跑猫孬	iɔ 标票秒调		
ei 杯妹对梯		uei 微贵盔水	
ɤu 度读偷周	iɤu 丢牛旧抠		
an 班攀胆党	ian 娘江枪乡	uan 光关弯双	
on 半盘瞒酸		uon 完碗皖串	
en 占展缠扇	ien 变偏严先		ʮen 元院玄悬
	iən 并贫林灵	uən 滚睏婚温	ʮən 准春熏云
oŋ 蹦东同中	ioŋ 穷兄庸荣	uoŋ 翁嗡瓮	
ņ 尔（你）			

关于韵母的简要说明：

① 普通话里的〔ai〕、〔au〕，在安庆市区方言里，分别对应单元音韵母〔ɛ〕和〔ɔ〕②。

② 和声母区分平舌、翘舌音相对应，韵母有舌尖前元音和舌尖后元音韵母〔ꓩ〕及〔ꓩ〕。

③ 没有前后鼻音〔n〕和〔ŋ〕区别，an 类、on 类及 en 类韵母的主要元音有鼻化倾向，但不是特别明显，仍记作鼻音韵母。

④ 有不明显入声韵尾，发入声字音时，喉头稍许紧张，不记韵尾③。

---

① 鲍红（2012）还有几个叹词鼻音自成音节：哼 xņ、嗯ņ、呣m̩ 等。

② 郝凝（1982）、鲍红（2012）均采用复元音韵母，记作〔au〕和〔ai〕。

③ 邢公畹（1984）记录 1937 年的安庆市方言时，认为入声有紧缩，伴随有舒声调。

（三）声调（共 5 个独立单字声调）

调　类	调　值	例　字
阴平	31	高开婚专尊方安
阳平	35	时题穷才平寒扶
上声	213	古展短口丑楚走
去声	53	四菜怕嫁帅抗岸
入声	55	鳖撇铁曲月入合

关于声调的简要说明：

① 上声是曲折调，接近 212。

② 入声调比 5 稍长，本书记作 55。

四、怀宁县方言音系（高河镇）

（一）声母：含零声母，共 23 个

p	布拜班波	pʰ	怕佩排步	m	马麦门眉	f	飞费冯付				
t	大到迪德	tʰ	太稻同铁	n	难鸟拿能					l	拉乐路论
ts	糟早争总	tsʰ	此粗初锄			s	丝思师事				
tʂ	张主举中	tʂʰ	处虫春驱			ʂ	诗书杀刷	ɻ	日人肉绕		
tɕ	鸡精姐酒	tɕʰ	吃去秋切			ɕ	喜休写吸				
k	高盖过刮	kʰ	开敲睏康	ŋ	爱袄丫我	x	鞋好瞎湖				
∅	影屋软云										

关于声母的简要说明：

① 古浊塞音、塞擦音的今读多为同部位送气清音，如："田、头、藤"，读 tʰ 声母；"定、稻、拔、毒"，均读作 tʰ 声母。

② 泥来母今读相混，总体以读 [l] 居多，多数情况下洪音前多读 [l]，细音前多读 [n]。

③ 区分平舌、翘舌音，庄组三等字并入精组二等，如"锄" ₍tsʰeɯ、"生" ₍sen。

④ "热软月云"等字，有比较明显的擦音，和零声母不同，故记 [ɻ]。

⑤ 疑母和影母都有部分 [ŋ] 声母，如爱 ŋɛ˴、熬 ₍ŋɔ、丫 ₍ŋʌ 等。

⑥ [x] 擦音，不很明显，接近 [ɦ] 音，文中仍记作 [x]。

（二）韵母：含自成音节的 ŋ，共 46 个

ɿ 资词思史			
ʅ 知池诗日	i 比皮弟妻	u 布铺付午	y 鱼书虚厨
ər 儿二而耳			
A 巴爬妈牙	iA 加家芽霞	uA 瓜夸花刷	
e 北遮车蛇	ie 夜爷别灭	ue 国或物	ye 决缺说靴
ɛ 摆盖太买	iɛ 介懈届械	uɛ 怪拐揣帅	yɛ 甩拽踹帅
o 波坡左错	io 虐脚学药	uo 厨窠昨科	
ɔ 包跑猫孬	iɔ 标票秒调		
ei 杯妹对梯		uei 微贵盔灰	yei 追垂水锐
əɯ 度读偷周	iəɯ 丢牛旧抠		
an 班胆凡占	ian 娘江枪乡	uan 关弯玩万	yɐn 元院袁悬
on 半盘瞒酸		uon 碗皖短宽	
aŋ 帮胖康忙	iaŋ 央江腔想	uaŋ 汪矿黄双	
en 占展缠扇	ien 变偏严先		
ən 争吞村孙	iən 并贫林灵	uən 滚睏婚温	yən 准春熏云
oŋ 蹦东同风	ioŋ 穷兄庸荣	uoŋ 翁嗡瓮	
ŋ̍ 尔（你）			

关于韵母的简要说明：

① 普通话里的〔ai〕、〔au〕，在高河镇方言里，分别对应单元音韵母〔ɛ〕和〔ɔ〕。

② 和声母区分平舌翘舌相对应，韵母有舌尖前和舌尖后元音韵母〔ɿ〕和〔ʅ〕。

③〔iən〕、〔yən〕两韵的主元音〔ə〕很短，因对称性考虑，仍标记出主元音。

④ 多数能区分前后鼻音〔n〕和〔ŋ〕区别，an、on 类和 aŋ、oŋ 类韵母的主要元音带有时发生鼻化，但不明显，仍记作鼻音韵母。普通话的〔eŋ〕，在高河话里对应为〔oŋ〕。

⑤ 发入声韵时，喉头几乎不紧张，不记塞音韵尾。

051

（三）声调：共 6 个独立单字声调

调 类	调 值	例 字
阴平	41	东该灯风通开春
阳平	223	龙门牛油铜皮糖红
上声	334	懂古鬼九统买有
阴去	53	冻怪半四痛快寸去
阳去	33	卖硬乱洞树罪白盒罚
入声	55	谷急拍塔六麦月毒

关于声调的简要说明：

① 阴平［41］的实际起步调值稍低，接近［31］。

② 阳平［223］与上声［334］的实际音高差别不大，前者起步调值不高，接近［113］。

③ 上声［334］平拱的时长较短，比阳平［223］的平拱时长要短近一半，而升拱的时长较长。

④ 阴去［53］的实际调值稍低，接近［42］，其起步调和阴入接近，统一为最高值 5，记作［53］。

⑤ 阳去［33］的实际调值偏低，接近［22］，但比阳平［223］的起步调值要高。

⑥ 保留阴入为独立调值［55］，称入声（调），其实际音高比 5 稍低。阳入和阳上则基本归入阳去调，记［33］调。

五、怀宁县方言音系（石牌镇）

（一）声母（含零声母，共 20 个）

p 布拜班本	pʰ 怕鼻病步	m 马麦门眉	f 父费冯法	—	—
t 大到迪德	tʰ 太弟洞铁	n 脑泥难能	—	—	l 老乐路栗
ts 资纸争怎	tsʰ 此字虫郑	—	s 丝诗师事	z 日人染让	—
tɕ 鸡装主酒	tɕʰ 聚去秋撞	—	ɕ 双休写霜	—	—
k 高夹过讲	kʰ 开敲苦康	ŋ 爱袄安我	x 鞋好瞎湖	—	—
∅ 影屋热云	—	—	—	—	—

关于声母的简要说明：

① 无浊塞音、浊塞擦音及浊擦音声母。古浊塞音、塞擦音及擦音清化，平、仄声均送气。如："田、头、藤"，"定、稻、拔、毒"均读作 tʰ 声母，"皮、鼻、步"均读作 pʰ 声母。

② 能区分 [n] 和 [l]。古泥、疑母与细音相拼时，实际读音为舌面前鼻音 [ɲ]，如泥 [ɲi]、软 [ɲyan]。没有 [n]、[ɲ] 对立，故不记 [ɲ]。

③ 没有舌尖后塞音、塞擦音和擦音，即没有 [tʂ]、[tʂʰ]、[ʂ]。

④ 疑母和影母开口洪音，读作 [ŋ]，如爱 ŋaiˀ、熬 ꜀ŋau、丫 ꜀ŋa 等的声母。

（二）韵母（含自成音节的 ņ，共39个）

ɿ 资直思史	—	—	—
—	i 比蛆急妻	u 布铺骨午	y 猪书虚局
a 巴爬妈鸭	ia 加家夏亚	ua 瓜夸花刮	
e 车拆二儿	ie 夜爹白墨	ue 活国或物	ye 血缺说月
ai 摆盖鞋买	iai 介蟹届械	uai 怪拐外坏	yai 甩帅
o 波我合桌	io 虐脚学药	uo 阔裹	
au 包跑敲烧	iau 标交桥要	—	
—	—	uei 币内贵盍	yei 追垂水锐
əu 度读偷周	iəu 丢牛旧抠		
an 三山胆党	ian 娘江年全	uan 关弯光黄	yan 元床双船
on 半南瞒酸		uon 碗皖短完	
ən 针门孙灯	iən 并贫心灵	uən 滚问婚温	yən 准春顺云
oŋ 朋东中龙	ioŋ 穷兄荣用	uoŋ 翁嗡瓮	
ņ 尔（你）	—	—	—

关于韵母的简要说明：

① 宕江摄后鼻音韵尾并入咸山摄前鼻音韵尾，如帮＝班、胆＝党。

② e、ie、ue、ye 中主要元音的实际音值接近元音 ɛ。韵母 uei 与开口蟹止摄细音韵中帮组字及合口蟹止帮非端组字相拼时，u 介音很松。

③ 发入声韵时，喉头几乎不紧张，无记塞音韵尾。

（三）声调（共5个独立单字声调）

调 类	调 值	例 字
阴平	31	高开婚专尊方安
阳平	44	时题穷才平寒扶
上声	42	古展短口丑楚走
阴去	35	对汉且切月百竹
阳去	33	父到近舌白俗族

关于声调的简要说明：

① 去声分阴阳。全浊上、全浊入并入阳去调，清及次浊入并入阴去调。

② 果、假、遇、止等摄部分阴去字读阳去调，如"锉＝座、泄＝谢、铺＝步、屁＝鼻"等。

六、潜山市方言音系（槎水镇）

（一）声母（含零声母 ∅ 在内，共24个）

p	布邦班波	pʰ	怕抛白步	m	马麦米眉	f	飞费冯福	—		—	
t	大到迪德	tʰ	太土道铁	n	难闹拿农					l	老乐路利
ts	糟早争总	tsʰ	此字初柿			s	丝思师生				
tʂ	君主举中	tʂ	直群春驱			ʂ	虚书杀训	ʐ	日人肉耳		
tɕ	鸡精姐酒	tɕʰ	吃去秋静	ȵ	泥验妮酿	ɕ	喜休笑吸				
k	高讲过该	kʰ	开敲睏康	ŋ	爱咬丫我	x	鞋好瞎蟹				
∅	影屋云王	—		—		—		—		—	

关于声母的简要说明：

① 无浊塞音、浊塞擦音及浊擦音声母。古浊塞音、塞擦音及擦音清化，平声送气，仄声也多送气。如："田、头、藤"，"定、稻、拔、毒"均读作 tʰ 声母，"皮、鼻、步"均读作 pʰ 声母。

② 能区分 [n] 和 [l]，古泥、疑母和齐齿呼相拼时候，发 [ȵ] 音，撮口呼相拼时发 [þ] 音（如女 þy），和洪音相拼发 [n] 音。

③ 区分平舌、翘舌音，庄组三等字并入精组二等，如"锄"ₛtsʰeɯ、"生"ₛsen。

④ 疑母和影母开口洪音今读 [ŋ]，如爱、熬、丫等都是 ŋ 声母，即"爱

ŋai˧、熬 ⊂ŋau、丫 ⊂ŋa"。

⑤ [x] 擦音不很明显，接近 [h] 音，文中仍记作 [x]。

（二）韵母（含自成音节的　，共45个）

ɿ　资词思史	—		
ʅ　知池诗日	i　比皮弟妻	u　布铺付午	ʮ　鱼书虚厨
a　巴爬妈牙	ia　加家芽霞	ua　瓜夸花刮	—
e　北遮车白	ie　夜爷别灭	ue　国或物活	ɥe　决缺说靴
ai　摆盖街买	iai　介懈届谐	uai　怪拐坏外	ɥai　甩拽踹帅
o　波坡左多	io　虐脚削药	uo　屙粿科恶~人	—
au　包跑咬孬	iau　标票表调	—	
ei　杯妹对梯	—	uei　微贵盔灰	ɥei　追垂水锐
əu　度土楼炉	iəu　丢牛口抠		
an　班单咸凡	ian　尖店免边	uan　关弯玩惯	ɥan　元娟玄穿
on　半男安敢	—	uon　碗皖宽欢	
aŋ　帮胖厂忙	iaŋ　央江腔想	uaŋ　汪矿黄双	—
en　占展缠扇	ien　变偏严先	—	
ən　争生村孙	iən　并贫金清	uən　滚文婚温	ɥən　准春群云
oŋ　同梦共龙	ioŋ　穷兄荣用	uoŋ　翁嗡瓮	—
ŋ̍　尔（你）（上声调）、那（去声调）			

关于韵母的简要说明：

① 和声母区分平舌、翘舌音相对应，韵母有舌尖前元音和舌尖后元音韵母 [ɿ] 及 [ʅ]。tʂ、tʂʰ、ʂ等舌尖后声母，发音时舌尖接触上腭，有轻微摩擦。

② a 的发音受是否有韵尾或接什么韵尾影响，而具体音值有所变化：不接韵尾时音值接近 A，后接i、n 韵尾时接近 a，后接韵尾u、ŋ 韵尾时接近 ɑ。在 ian 中接近 ɛ。

③ an 韵母与舌尖后声母相拼时，主要元音的音值接近 E。eu、ieu、en 韵母中主要元音实际音值接近央元音 ə。

④ 发入声韵时，喉头几乎不紧张，无记塞音韵尾。

（三）声调（共5个独立单字声调）

调类	调值	例字
阴平	22	高开婚专尊方安
阳平	44	时题穷才平寒扶
上声	31	古展短口丑楚走
阴去	35	菜怕嫁月入铁百
阳去	13	望谢用树万食白

关于声调的简要说明：

① 去声分阴阳。古全浊上、古全浊入声均并入阳去调，古清、次浊入并入阴去调。

② 没有单独入声调，阴去调高平。

七、岳西县方言音系（温泉镇）

（一）声母（含零声母 ∅ 在内，共25个）

p	布八不比	pʰ	怕普白步	m	马麦米眉	f	飞发冯福	—				
t	大爹迪端	tʰ	夺梯道铁	n	奶脑怒难	—		—		l	雷梨蓝老
k	高讲家街	kʰ	开敲共康	ŋ	爱咬鹅安	x	鞋好瞎蟹	—			
ts	早争总皱	tsʰ	字在从初	—		s	丝梳算三				
tʂ	炸居照具	tʂʰ	茶丈常区	þ	女人①	ʂ	纱虚书是	ʐ	日儿人肉		
tɕ	精酒结假	tɕʰ	旗舅且庆	ɲ	泥业鸟娘	ɕ	喜休校星				
∅	影屋云鱼	—		—							

关于声母的简要说明：

① 无浊塞音、浊塞擦音及浊擦音声母。古浊塞音、塞擦音及擦音清化，平声送气，仄声多送气。如："田、头、藤"，"定、稻、拔、毒"均读作 tʰ 声母，"皮、鼻、步"均读作 pʰ 声母。

② 能区分 [n] 和 [l]，古泥、疑母和齐齿呼相拼时发 [ɲ] 音，如泥 ɲi、娘 ɲiaŋ、业 ɲie、鸟 ɲiao；和撮口呼相拼时，发 [ɲ] 音，如女 ɲy；和

① 因为此处声母和撮口音相拼，产生摩擦音，不同于声母 n，故依储泽祥（2009）的说法，记作 þ 声母。

洪音相拼时发［n］音，如脑 nau、难 nan 等①。

③ 区分平翘舌音，有塞音、塞擦音及擦音的舌尖前后音的对立，即有［tʂ］、［tʂʰ］、［ʂ］和［ts］、［tsʰ］、［s］的区分。

④ 古见、晓组开口二等常见字大多读 k、kʰ、x 声母，如间、铅、苋这三个字的声母分别是 k、kʰ、x；大多数古影母开口洪音今读［ŋ］，如爱、熬、丫、晏、奥等等都是 ŋ 声母。

（二）韵母（含自成音节的 ŋ，共 45 个）

ɿ 资知思史	—	—	—
ʅ 知识迟日	i 比滴弟妻	u 布母午服	y 居女雨竹
a 巴家牙爬	ia 加亚衙恰	ua 瓜夸袜刮	ya 抓耍刷爪
o 波索二多	io 虐脚削药	uo 窠恶河恶	—
E 北色德麦	iE 爹业绝灭	uE 国或物活	yE 惹月说靴
ai 摆介街鞋	iai 解谐阶介	uai 怪拐坏外	yai 甩拽踹帅
au 包跑咬好	iau 标票表调	—	—
ei 杯飞醉翠	—	uei 微贵盔灰	yei 追垂水瑞
əu 初透六兜	iəu 柳勾狗蓄	—	—
an 安单咸苋	—	uan 关弯玩惯	yan 砖娟元染
En 站詹闪产	iEn 盐宣全店	—	—
on 竿男酸敢	—	uon 皖汗欢宽	—
ən 争生村真	iən 并贫引影	uən 滚文婚温	yən 军春君云
aŋ 帮胖缸张	iaŋ 羊墙娘香	uaŋ 汪矿黄光	yaŋ 庄床双撞
oŋ 中东农龙	ioŋ 穷兄荣用	—	—
ŋ̩ 尔（你）			

关于韵母的简要说明：

① a 有三个条件变体，后不接韵尾时实际音值接近 A；后接 i、n 韵尾时

---

① 这里及后文的望江、太湖、宿松三个县方言中的 n、ŋ 及 ȵ 三个声母，《安徽省志·方言志》（1997）、黄拾全（2011）及孙宜志（2002）均因三个音位不对立，记作［n］音位。本书认为它们呈互补分布，故单列。

接近 a；后接韵尾 u、ŋ 韵尾时接近 ɑ，在 ian 中接近 E，它是介于［e］和
［e］之间的松元音，分别出现在 E、iE、uE、ʮE、En、iEn 韵母中①。

② 古咸、深摄阳声韵分别并入山、臻摄，韵尾作 n，无双唇鼻音韵尾 m。

③ 曾梗两摄阳声韵舌根鼻音 ŋ 韵尾并入舌尖鼻音 n 韵尾，今读 n 尾，如：
灯_曾＝墩_臻 tən，尖_咸＝煎_山 tɕiEn，星_梗＝兴_燕＝心_深＝新_臻 ɕin，蒸_燕＝真_臻 tʂən。

④ 古见系开口二等白读音多不发生腭化，读作舌根音，如：家 ka²¹、芥
kai⁵³、苋 xan³³、鞋 xai³⁵ 等等。

⑤ o、io、uo、uon 主元音的实际音值比 o 稍低。

⑥ ʮ 的舌尖位置比［ɿ］稍靠前，有较强的摩擦音。

⑦ 元音 e 单独或者位于韵母后时，按实际发音记作 E，e 元音位于韵母前
位置充当主元音时，实际发音记作 ə。

⑧ 发入声时，喉头几乎不紧张，不记入声韵。

（三）声调（共 6 个独立单字声调）

调 类	调 值	例 字
阴平	21	高开婚专尊方安
阳平	35	时题穷才平寒扶
上声	24	古展短口丑楚走
阴去	53	菜怕嫁变凳气送
阳去	33	父地用近舌食白
入声	213	八百不切铁月竹

关于声调的简要说明：

① 古去声按古音清浊分为阴去和阳去两个调。

② 古入声失去塞音韵尾，今读阴声韵。古全浊上、古全浊入声并入阳去
调，古清、次浊入并入阴去调。

③ 保留入声调类。古清音及次浊入声今读保留独立的入声调类，全浊入
声派入阳去调。

---

① 孟庆惠（1997）。

八、望江县方言音系（华阳镇）

（一）声母（含零声母 Ø 在内，共20个）

p	布八不比	pʰ	怕伴白步	m	马麦米眉	f	飞发房福		—		—
t	大到迪端	tʰ	太地道铁	n	泥软弱人		—		—	l	流柔肉认
ts	知早争总	tsʰ	字丈在昌		—	s	丝是声生	ʐ	日		
tɕ	军精追主	tɕʰ	群除舅静		—	ɕ	喜虚书吸				
k	高讲家该	kʰ	开敲共康	ŋ	爱咬鹅我	x	鞋好瞎蟹				
Ø	影屋云衣		—				—				

关于声母的简要说明：

① 无浊塞音、浊塞擦音及浊擦音声母。古浊塞音、塞擦音及擦音清化，平、仄声均送气。如："田、头、藤"，"定、稻、拔、毒"均读作 tʰ 声母，"皮、鼻、步"均读作 pʰ 声母。

② 能区分 [n] 和 [l]，古泥、疑母和细音相拼时发 [ȵ] 音，如泥 ȵi、软 ȵyan、仰 ȵiaŋ、鱼 ȵy、弱 ȵio；和洪音相拼发 [n] 音。因为 [ȵ] 和 [n] 不是对立音位，所以不单立 [ȵ]，只记 [n]。

③ 古精、知、庄、章组合流，开口呼韵母中读 ts-、tsʰ-、s-，齐齿呼和撮口呼前读作 tɕ-、tɕʰ-、t-。

④ 见系开口二等韵的字，白读保留古牙喉音声母，读作舌根音，如：家 ₍ka、芥 kaiˀ、苋 xanˀ、鞋 ₍xai。文读腭化为舌面 tɕ-组声母，如家 ₍tɕia、江 ₍tɕiaŋ 等

⑤ 疑母和影母开口洪音今读 [ŋ]，如爱、熬、丫等都是 ŋ 声母。

（二）韵母（含自成音节的 ṇ 和 ḷ，共46个）

ɿ	资时思史		—		—		—
		i	比皮弟妻	u	布土午度	y	猪吕居育
a	巴蛇牙爬	ia	加芽亚霞	ua	瓜夸花刮	ya	抓耍刷
e	北色车白	ie	夜列别灭	ue	国或物活	ye	决月说靴
o	波哥各多	io	虐脚削药	uo	朒窠或		—
ai	摆介街鞋		—	uai	怪拐坏外	yai	甩拽踹帅
au	包跑咬孬	iau	标票表调				
ei	杯醉对翠			uei	微贵盔灰	yei	追垂水锐

（续表）

əu 走口土楼	iəu 柳勾旧幼	—	—
an 安单咸眼	ian 盐店甜边	uan 关弯玩惯	yan 船娟元穿
on 半男安敢	—	uon 碗皖宽欢	—
aŋ 帮胖厂忙	iaŋ 央墙娘想	uaŋ 汪矿黄光	yaŋ 床双庄撞
ən 争生等真	iən 并贫金清	uən 滚文婚温	yən 春润君云
oŋ 朋东农龙	ioŋ 穷兄荣用	uoŋ 翁嗡瓮	—
ŋ 尔（你）（上声调）、□那（去声调）　　l 日			

关于韵母的简要说明：

① a 的发音受是否有韵尾或接什么韵尾影响，而具体音值有所变化：不接韵尾时音值接近 A，后接 i、n 韵尾时接近 a，后接韵尾 u、ŋ 韵尾时接近 A。在 ian 中接近 ɛ。

② an 韵母与舌尖后声母相拼时，主要元音的音值接近 E。eu、ieu、en 韵母中主要元音实际音值接近央元音 ə。

③ 没有入声韵尾，入声多分阴阳阳别派入阴阳去声。

④ 假摄开口三等麻韵的字，文读为 e、ie 韵母，白读为 a、ia，如："蛇、夜"的白读韵母分别为 a、ia，文读分别为 e、ie。

（三）声调（共 5 个独立单字声调）

调　类	调　值	例　字
阴平	21	高开婚专尊方安
阳平	35	时题穷才平寒扶
上声	24	古展短口丑楚走
阴去	55	菜怕嫁月入铁百
阳去	22	望谢用树万食白

关于声调的简要说明：

① 古全浊上、古全浊入声并入阳去调，古清、次浊入并入阴去调。

② 果、假、遇、蟹、止等摄的部分阴去字读阳去调。如锉＝座、泄＝谢、铺＝步、屁＝鼻。

③ 没有独立的入声调。

九、太湖县方言音系（徐桥镇）

（一）声母（含零声母 ∅ 在内，共 20 个）

p 布八不比	pʰ 怕普白步	m 马麦米眉	f 飞发房福	—	—
t 大到迪端	tʰ 太毒道铁	n 泥软弱脑	—	—	l 流蓝人肉
ts 知早争总	tsʰ 字丈在从	—	s 丝是声生	z 日	—
tɕ 猪精追主	tɕʰ 群舅除船	—	ɕ 喜虚书说		
k 高讲家该	kʰ 开敲共康	ŋ 爱咬鹅安	x 鞋好瞎蟹		
∅ 影屋云碗	—	—			

关于声母的简要说明：

①无浊塞音、浊塞擦音及浊擦音声母。古浊塞音、塞擦音及擦音清化，平、仄声多送气。如："田、头、藤"，"定、稻、拔、毒"均读作 tʰ 声母，"皮、鼻、步"均读作 pʰ 声母。有少部分字读音不送气，如"剂、队、兑、跪、电、罢、键、菌、闸、局、杂"等。

②能区分 [n] 和 [l]，古泥、疑母和细音相拼时发 [ɲ] 音，如泥 ɲi、软 ɲyan、仰 ɲiaŋ、鱼 ɲy、弱 ɲio；和洪音相拼发 [n] 音。因为 [ɲ] 和 [n] 不是对立音位，所以不单立 [ɲ]，只记 [n]。

③古精、知、庄、章组合流，开口呼韵母中读 ts-、tsʰ-、s-，齐齿呼和撮口呼前读作 tɕ-、tɕʰ-、t-。

④古见、晓组开口二等常见字大多读 k、kʰ、x 声母，如间、铅、苋这三个字的声母分别是 k、kʰ、x；大多数古影母开口洪音今读 [ŋ]，如爱、熬、丫、晏、奥等等都是 ŋ 声母。

（二）韵母（含自成音节的 n̩，共 44 个）

ɿ 资知思史	—	—	—
	i 比徐弟妻	u 布土午服	y 猪吕雨居
a 巴家牙爬	ia 加亚霞甲	ua 瓜夸花刮	ya 抓要刷爪
e 北色儿白	ie 爹业别灭	ue 国或物活	ye 决月说靴
o 波哥各多	io 虐脚削药	uo 窠恶窝	—
ai 摆介街鞋	—	uai 怪拐坏外	yai 甩拽踹帅
au 包跑咬好	iau 标票表调		
ei 杯飞醉翠	—	uei 微贵盔灰	yei 追垂水瑞

（续表）

eu 初土六楼	ieu 柳勾蓄幼	—	—
an 安单咸苋	ian 盐店全宣	uan 关弯玩惯	yan 砖娟元染
on 竿男酸敢	—	uon 碗皖	—
en 争生等真	ien 并贫金清	uen 滚文婚温	yen 春润君云
aŋ 帮胖豇张	iaŋ 羊墙娘香	uaŋ 汪矿黄光	yaŋ 庄床双撞
oŋ 朋东农龙	ioŋ 穷兄荣用	uoŋ 翁嗡公共	yŋ 虫中重充
ŋ 尔（你）（上声调）、□那（去声调）			

关于韵母的简要说明：

① a 的发音受是否有韵尾或接什么韵尾影响，而具体音值有所变化：不接韵尾时音值接近 A，后接 i、n 韵尾时接近 a，后接韵尾 u、ŋ 韵尾时接近 ɑ。在 ian 中接近 ɛ。

② 古咸、深摄阳声韵分别并入山、臻摄，韵尾作 n，无双唇鼻音韵尾 m。

③ o、io、uo、uon 主元音的 o 发音部位较低，拼合较松。

④ 元音 e 单独或者位于韵母后时，实际发音接近 E 偏后，e 元音位于韵母前位置充当主元音时，实际发音接近 ə。

⑤ 发入声韵时，喉头几乎不紧张，无记塞音韵尾。

（三）声调（共 5 个独立单字声调）

调　类	调　值	例　字
阴平	22	高开婚专尊方安
阳平	45	时题穷才平寒扶
上声	31	古展短口丑楚走
阴去	24	菜怕嫁月入铁百
阳去	33	望地用笛万食白

关于声调的简要说明：

① 阳平调实际调值接近 455。

② 古去声按古音清浊分为阴去和阳去两个调。

③ 没有独立的入声调。古全浊上、古全浊入声并入阳去调，古清、次浊入并入阴去调。

④ 果、假、遇、蟹、止等摄的部分阴去字读阳去调。如锉 = 座 ts^ho^{33}、泄 = 谢 $çie^{33}$、替 = 第 t^hi^{33}。

十、宿松县方言音系（隘口乡）

（一）声母（含零声母∅在内，共25个）

p 布八包比	p^h 怕泡白步	m 马麦米眉	f 飞发冯福	—	—
t 到爹迪端	t^h 夺梯道铁	n 奶脑怒难	—	—	l 雷连蓝老
k 高讲家街	k^h 开敲共康	ŋ 爱咬鹅安	x 鞋好瞎蟹	—	
ts 早争总皱	ts^h 字在从初	—	s 丝事算三		
tʂ 炸居照具	$tʂ^h$ 茶丈柱赵	ȵ 女人	ʂ 纱虚书是	ʐ 绕人圆肉	
tɕ 金精结假	$tɕ^h$ 旗舅净庆	ȵ 泥业鸟鱼	ç 喜休校星		
∅ 影屋二蛙	—	—			

关于声母的简要说明：

① 无浊塞音、浊塞擦音及浊擦音声母。古浊塞音、塞擦音及擦音清化，平、仄声一律送气。如："田、头、藤"，"定、稻、拔、毒"均读作 t^h 声母，"皮、鼻、步"均读作 p^h 声母。

② 区分 [n] 和 [l]，古泥、疑母和齐齿呼相拼时发 [ȵ] 音，如泥 ȵi、娘 ȵiaŋ、业 ȵie、鸟 ȵiau；和撮口呼相拼时，发 [ȵ] 音，如女 ȵy；和洪音相拼时发 [n] 音，如脑 nau、难 nan，等。

③ 区分平翘舌音，有舌尖后塞音、塞擦音及擦音，即有 [tʂ]、[tʂh]、[ʂ] 及 [ʐ]，它们有舌面化趋向，实际音值接近 [ʧ]、[ʧh]、[ʃ] 及 [ʒ][1]；舌尖前音发音时，舌尖靠下，舌面前端上拱。

④ 古见、晓组开口二等常见字大多读 k、k^h、x 声母，如间、铅、苋这三个字的声母分别是 k、k^h、x；大多数古影母开口洪音今读 [ŋ]，如爱、熬、丫、晏、奥等等都是 ŋ 声母。

⑤ 零声母只有齐齿韵与合口韵这两类字。

（二）韵母（含 ŋ̩、m̩ 和 l̩ 等三个自成音节，共45个）

ɿ 资思师史	—	—	—
ʅ 知识迟日	i 比滴取妻	u 布故午服	y 居鱼区竹

---

① 孙宜志（2002）将宿松县城邻近的二郎镇方言的这几个音记作 [ʧ]、[ʧh]、[ʃ] 及 [ʒ]。

（续表）

a 巴家牙爬	ia 加亚衙恰	ua 瓜夸袜刮	ya 抓耍刷爪
o 剥波窠多	io 嚼脚削药	uo 涡窝握沃	—
ε 北色白社	iε 爹业绝灭	uε 国阔物活	yε 惹月说靴
ai 摆介街鞋	—	uai 怪拐坏外	yai 甩拽踹帅
au 包跑咬好	iau 标票表调	—	—
ei 杯飞醉翠	—	uei 微贵盔灰	yei 追垂水瑞
əu 初透祖兜	iəu 柳抠狗蓄		
an 办单咸苋		uan 关款玩欢	
εn 站詹闪产	iεn 盐宣全店		yεn 砖娟穿染
on 端竿甘敢	—		
ən 争生村顿	iən 并宾今英	uən 昆婚文温	yən 军君勋云
aŋ 帮胖豇张	iaŋ 羊墙娘香	uaŋ 汪矿黄光	yaŋ 庄床双撞
oŋ 聪东梦中	ioŋ 穷兄荣用	—	—
ŋ̩ 尔（你） m̩ 姆 l̩ 二雨如①			

关于韵母的简要说明：

①a 有三个条件变体，后不接韵尾时实际音值接近 A；后接 i、n 韵尾时接近 a；后接韵尾 u、ŋ 韵尾时接近 A；在 ian 中接近 æ，它是介于 [e] 和 [ɛ] 之间，记作 ε，它出现在 ε、iε、uε、yε、εn、iεn 及 yεn 中。

②古咸、深摄阳声韵分别并入山、臻摄，韵尾作 n，无双唇鼻音韵尾 m。

③曾梗两摄阳声韵舌根鼻音 ŋ 韵尾并入舌尖鼻音 n 韵尾，今读 n 尾，如：灯曾＝墩臻 tən，尖咸＝煎山 tɕiεn，星梗＝兴蒸＝心深＝新臻 ɕin，蒸蒸＝真臻 tʂən。

④古见系开口二等白读音多不发生腭化，读作舌根音，如：家 ka²¹、芥 kai⁵³、苋 xan³³、鞋 xai³⁵ 等等

⑤o、io、uo 等主元音的实际音值比 o 稍低。

⑥ʐ的舌尖位置比 [ʐ] 稍靠前，有较强的摩擦音。

---

① 自成音节的舌尖后边擦音 l̩，文中为了能清楚地显示自成音节下的点儿，用 l 代替。

⑦ 元音 e 单独或者位于韵母后时，按实际发音记作 E，e 元音位于韵母前位置充当主元音时，实际发音记作 ə。

⑧ 发入声时，喉头稍许紧张，不记入声韵①。

（三）声调（共 6 个独立单字声调）

调　类	调　值	例　字
阴平	22	高开婚专尊方安
阳平	35	时题穷才平寒扶
上声	42	古展短口丑楚走
阴去	21	菜怕嫁变凳气送
阳去	314	父地用是舌食白
入声	55	八百不切铁月竹

关于声调的简要说明：

① 古去声按古音清浊，今读分为阴去和阳去两个调。

② 古入声无明显塞音韵尾，发音时喉头稍许紧张，本书均记作阴声韵。古全浊上、古全浊入声并入阳去调，古清、次浊入并入阴去调。

③ 声母 p、t、k、tɕ、ts、tʂ 均无阳平调和阳去调的字。

第二节　全浊声母今读及其过渡性特征

一、市区方言及周边典型方言的中古全浊声母今读

中古全浊声母，即全浊塞音、塞擦音及擦音声母的并、奉、定、从、邪、澄、崇、船、禅、群、匣等十一母。因为擦音不涉及是否送气，所以本书主要研究古全浊塞音、塞擦音，即并、定、从、澄、崇、船、群等七母（简称全浊声母，下同），一直是汉语方言分区、定性的首要条件。除了吴语、老湘语及少数赣北的赣语保留浊音外，全浊声母在多数汉语方言中均已清化。

全浊声母"全部或大部分变成对应发音部位的送气清音"，被认为是客赣方言的一个重要标准。但严格来说，"这个标准不是绝对的，只是一个量化的标准。"（吴波，2007）。一方面，赣语里全浊声母今读也存在着很多不变成"对应发音部位的送气清音"；另一方面，非赣语的方言，全浊声母清化也存在"变成对应发音部位的送气清音"。以下分别阐述这两个方面：

---

① 孙宜志（2002）记录宿松县城附近二郎镇的韵母，认为二郎镇方言音系有独立的喉塞音韵尾。

（一）赣语的全浊声母[1]

1. 送气型

① 浊塞音、塞擦音与次清声母合流，读送气的塞音、塞擦音声母。这种类型是赣方言的主要类型，分布在江西的南昌、临川、新建、安义、宜春、樟树、新干、分宜、萍乡、新余、丰城、鹰潭、贵溪、万年、余江、乐平、鄱阳、横峰、弋阳、铅山、彭泽、景德镇、崇仁、南城、黎川、资溪、金溪、广昌、南丰、万载、奉新、靖安、高安、宜丰等县，以及安徽的太湖、望江、宿松、岳西、潜山南部多个乡镇、怀宁的石牌片等地，如岳西：排并$_⊂$p^{h}ε，败并 p^{h}ε$^⊃$，派滂 p^{h}ε$^⊃$，拜帮 pε$^⊃$。

② 次清声母与全浊声母合流，今读清浊两可，处于不同程度的混读状态。德安古全浊声母字今音有读成不送气浊音一类的，有读成送气浊音一类的，也有读成送气清音的；同一个字有时可以这样读，有时可以那样读，没有固定的范式。

③ 全浊声母今读塞音、塞擦音时为送气的全浊声母，今读擦音时为清擦音声母，中古全清声母今读全清声母，次清声母今读送气的全浊声母，如永修：排并$_⊂$b^{h}ai，败并 b^{h}ai$^⊃$，派滂 b^{h}ai=$^⊃$，带端 tai$^⊃$，船禅$_⊂$son。

2. 不送气型

赣方言全浊声母演变有一些特例，也有不少全浊声母今读塞音、塞擦音时与次清不合流，今读擦音时为清擦音。

① 全浊声母今读塞音、塞擦音时为不送气的全浊声母，今读擦音时为清擦音声母。武宁宋溪镇、武宁新宁镇、瑞昌田义镇属于这种类型。例如宋溪镇：排并平$_⊂$bai，败并仄 mai$^⊃$，船禅$_⊂$ȡyon。

② 全浊声母今读塞音、塞擦音时为不送气的清声母。泉口、武宁新宁镇青年层属于这种类型。例如武宁新宁镇青年层：排并平$_⊂$pai，败并仄 pai$^⊃$。

③ 全浊声母今读塞音、塞擦音时为不送气的全浊声母，今读擦音时为清擦音声母，中古全清声母今读全清声母，次清声母今读为不送气的全浊声母。星子、都昌、修水、湖口等县为这种类型。例如都昌：排并$_⊂$bai，败并 bai$^⊃$，派滂 bai$^⊃$，带帮$^⊂$tai，船禅$_⊂$son。

（二）江淮官话全浊声母的今读

1. 仄声不送气型

全浊声母平声送气、仄声不送气是现代汉语官话区的一个重要标准。江

---

[1] 分类引自孙宜志（2008）。

淮官话的全浊清化基本符合"平声送气、仄声不送气"的变化规律。这是江淮官话浊音清化的主题类型。例如，"同"为古平声定母字，今读 $t^h on^{55}$；"共"为古仄声群母字，今读 $k^h on^{21}$。

2. 仄声送气型

虽然全浊清化在江淮官话里以"平声送气、仄声不送气"为主导，但"仄声送气"的类型仍广见于江淮官话各点。"泰如片无论平仄，大多数送气，存在仄声字文白异读现象"（刘祥柏，2010），如泰州。鲁国尧（1994）和顾黔（2001）也支持这个看法，认为"古全浊声母不论平仄，一律送气的清音被看作是通泰片江淮官话的一个普遍特征"。而且这一类的仄声送气音，多数会存在一个文读的不送气音，如下列的"古全浊声母在通泰片的文白两读例字表"[①]：

	大丰	泰州	南通	如皋	东台	如东	泰县	海安
断文	to^5	$t\tilde{v}^5$	$ty\tilde{\omega}^5$	tv^5	to^5	$t\tilde{v}^5$	$t\tilde{v}^5$	$t\tilde{o}^5$
断白	$t^h\tilde{o}^1$	$t^h\tilde{v}^1$	$t^hy\tilde{\omega}^6$	t^hv^1	$t^h\tilde{o}^1$	$t^h\tilde{v}^6$	$t^h\tilde{v}^1$	$t^h\tilde{o}^1$
棒文	pan^5	pan^5	—	—	pan^5	$p\tilde{a}^5$	—	—
棒白	p^han^1	p^han^1	$p^h\tilde{o}^6$	$p^h\tilde{a}^1$	p^han^1	$p^h\tilde{a}^6$	p^han^1	$p^h\tilde{a}^1$

表格显示，文白两层的调类形成对立。谢留文（1998）认为，"这种对立，也广见于赣语中"，它很可能来自客家话。"今通泰片方言和客赣方言一样呈现出这一相似性的特征，的确与早期的移民息息相关。南通、如东的白读层为阳去，是受到官话的影响的结果"（张双庆、万波，1996）。

仄声送气现象不仅出现在通泰片，还存在于洪巢片或黄孝片的江淮官话中。熊颖（2012）认为，受赣方言影响，九江县的方言中古全浊声母字没有严格按照平声送气仄声不送气的原则变成清音声母，而是出现了少数仄声字发送气音，如"寂" $t\textctc^hi^{51}$。有些仄声字属于文白异读，文读不送气，白读送气，如"贼"，文读为 $tsa\ae^{51}$，白读为 ts^he^{33}。

二、市区及周边方言中古全浊声母今读的过渡性特征

（一）过渡性特征的定性描述

皖西南的周边典型方言是江淮官话（洪巢片与黄孝片）和赣语，前者的中古全浊声母字今读塞音塞擦音时，平声送气、仄声不送气，例如合肥、安

---

① 表格转引自吴波（2007）。

庆、英山等；后者的全浊声母字今读塞音塞擦音时，无论平仄一律送气。皖西南及周边方言的全浊声母今读总体情况见下表：

例字 / 方言点	并		定		群	
	平	仄	平	仄	平	仄
	平	白	同	代	群	舅
安庆	₌pʰiən	pe⁼	₌tʰoŋ	tɛ⁼	₌tʂʰuən	tɕiəu⁼
桐城	₌pʰiən	pe⁼	₌tʰən	tɛ⁼	₌tʂʰuən	tɕiəu⁼
枞阳	₌pʰiən	pe⁼	₌tʰən	tɛ⁼	₌tʂʰuən	tɕiəu⁼
怀宁人形河	₌pʰiən	pe⁼	₌tʰən	tɛ⁼	₌tʂʰyən	tɕiəu⁼
怀宁高河	₌pʰiən	pʰe⁼	₌tʰən	tʰɛ⁼	₌tʂʰyən	tɕiəu⁼
潜山	₌pʰiən	pʰe⁼	₌tʰən	tʰɛ⁼	₌tʂʰyən	tɕiəu⁼
岳西	₌pʰiən	pʰe⁼	₌tʰən	tʰɛ⁼	₌tʂʰyən	tɕiəu⁼
怀宁石牌	₌pʰiən	pʰe⁼	₌tʰən	tʰɛ⁼	₌tʂʰyən	tɕʰiəu⁼
望江	₌pʰiən	pʰe⁼	₌tʰən	tʰɛ⁼	₌tʂʰyən	tɕʰuei⁼
太湖	₌pʰiən	pʰe⁼	₌tʰən	tʰɛ⁼	₌tʂʰyən	tɕʰiəu⁼
宿松	₌pʰiən	pʰe⁼	₌tʰən	tʰɛ⁼	₌tʂʰyən	tɕʰiəu⁼
黄冈	₌pʰin	pɛ⁼	₌tʰoŋ	tai⁼	₌tɕʰyən	tɕiəu⁼
英山	₌pʰin	pɛ⁼	₌tʰoŋ	tai⁼	₌tsʰyən	tɕiəu⁼
彭泽	₌pʰiən	pʰe⁼	₌tʰən	tʰɛ⁼	₌tʂʰyən	tɕʰiəu⁼

从表中的定性分析，我们大致可以看出皖西南方言全浊声母清化存在两条过渡性路线：其一是江淮官话的过渡，这条路线的浊音清化基本符合官话的演变规律，即平送仄不送；其二是赣方言的过渡，这条路线的浊音清化符合赣语的演变规律，即无论平仄多读作送气：

①（黄孝片江淮官话）枞阳、桐城、安庆→怀宁人形河、怀宁高河、潜山北、岳西→（鄂东黄孝片）英山；

②（黄孝片江淮官话）枞阳、桐城、安庆→怀宁石牌、潜山南→（皖西南赣语）望江、太湖、宿松→（江西赣语）彭泽。

（二）过渡性特征的定量描述

吴波（2004）、孙宜志（2006）对安庆市区、桐城及枞阳方言的全浊仄声字今读送气清音都作了研究。孙文指出，这三县市方言的全浊今读送气的不少，而且都是一些使用频率极高的口语常用字，如"鼻、捷、辙、截、秩、掘、嚼、特、泽、择、宅"等。汪化云（2004）指出，"凿、笛、着~火、白、轴、妯、绝、逐"等字在鄂东的黄梅、武穴、麻城等方言中今读送气清音。就是说，无论是皖西南还是鄂东的黄孝片江淮官话都存在少量的全浊仄声送气的现象。

皖西南地区别的市县方言的全浊今读的情况如何呢？黄拾全（2008）对皖西南的部分市县的仄声全浊声母的今读的不送气部分做过统计研究，试图通过这部分的统计显示太湖、怀宁（石牌）、岳西、潜山、望江、宿松等县的方言全浊声母今读，并不完全符合"无论平仄，一律送气"的规律。具体见以下皖西南方言古全浊今读不送气（百分比）统计表：

调类	潜山	岳西	望江	怀宁石牌	宿松	太湖
上声（%）	39	38	30	20	32	17
去声（%）	35	41	39	28	40	21
入声（%）	38	33	26	32	31	26

将此表的不送气进行逆向统计，即变成送气音的统计数据为：

调类	潜山	岳西	望江	怀宁石牌	宿松	太湖
上声（%）	61	62	70	80	68	83
去声（%）	65	59	61	72	60	79
入声（%）	62	67	74	68	69	74

如果说古全浊声母"无论平仄，今读一律送气"是赣语的一个重要的归类标准的话，那么结合吴波、孙宜志及汪化云的研究，从这个统计表也能看出皖西南方言全浊声母今读的过渡性特征。

第三节 入声及其过渡性特征

古汉语所说的"入声"，通常包括两个方面的含义：首先，指的是声调，与平声、上声、去声相对应的入声调；其次，指的是和舒声相对立的入声韵，一般包含-p、-t、-k 或者-/塞音韵尾。在我们通常所说的广韵音系中，入声韵和入声调是重合的。现代汉语里，"塞音韵尾在多个方言里不同程度地脱落了，入声调则有的简化、消失，有的繁化、增多，入声韵和入声调失去了同一性，呈现复杂的局面"（郝红艳，2003）。对于现代汉语方言来说，"入声"

失去"同一性"指的是不少方言失去了入声韵，但保留入声调，因为"通观现代汉语已有的方言材料，我们至今还没有发现有哪一种方言只存在入声韵类而不存在入声调的事实"（伍巍，2006）。"失去同一性"的入声韵或入声调都是我们判断某方言存在入声的标识。这些标识在各方言中的横向表现，很可能用来揭示其历时的层次性和共时过渡性特征。

一、汉语方言中入声类型及特点

《广韵》中咸、深、山、臻、宕、江、曾、梗、通等9个摄里有入声，中古音咸深两摄的入声韵尾为 p，山臻两摄的入声韵尾为 t，宕江曾梗通五摄的入声韵尾为 k。它们在现代汉语方言中存在着不同的类型，这种差异体现在入声韵尾或入声调上。

（一）入声韵的类型

现代汉语方言入声的差异性在20世纪三四十年代就引起了赵元任、李方桂等语言学家的重视。王力（1980）指出"入声在北方话中消失"是近代汉语三个特点之一。李荣（1985）（1989）多次指明入声韵在方言分区中的重要性，入声韵是否存在可视为区分南北方言的第一步。因此，了解现代汉语方言的入声韵的现状，发现汉语方言入声消失的途径或规律等都很重要。

刘泽民（2009）对数百个方言点进行考察，分析南方方言各种类型的入声韵演变。本书采用刘文的观点，加上江淮官话的入声韵类型，将汉语方言的入声韵分为以下几类[1]：

1. A 型，[-p-t-k] 三分

这种类型保持了中古入声韵尾的基本格局，有3种变型。

① A1 型，-ŋ/-t/-k 三分：咸、深两摄读-p尾，山、臻两摄读-t尾，宕、江、曾、梗、通诸摄读-k尾。粤语基本上是这种类型的方言。除粤语外，还有一些南方方言保持了 A1 型的三分格局，如：平话，主要集中在桂南平话中；赣语，主要集中在赣语临川片；客家话，主要集中在粤东、粤北以及从粤东、粤北扩散出去的广东沿海、粤西、台湾和海外的客家话中。江西客家话中宁都、石城也属于这种类型。

② A2 型，有-ŋ/-t/-ʔ 三尾：显然，-/尾由-k尾演变而来。属这种类型的方言有：赣语崇仁、东乡、奉新。

③ A3 型，有 ŋ/k/t/l 四尾：咸、深摄读-p尾，曾、宕、江、梗、通诸摄

---

[1] 因为北方方言的入声韵尾情况比较简单，除了晋语和江淮官话可能有入声韵，其余都没有入声韵。

读-k 尾，山、臻两摄大部分字读-l 尾，但质韵字读-t 尾。刘泽民（2009）认为这里的-l 尾是-t 尾演变的结果，所以从音系角度把它们看成同一音位的两个变体。属此类型的方言有赣语南丰。

［-l］尾现象，20 世纪 30 年代的《湖北方言调查报告》和《湖南方言调查报告》较早记录了边音韵尾［-l］。此后，更多有［-l］尾的方言被发现。"综合现有的资料，［-l］见于江西都昌（李如龙、张双庆 1992，刘纶鑫 1999；陈昌仪 2005），修水、南丰、高安（刘纶鑫 1999），波阳（孙宜志 2001），奉新（孙宜志 2007；陈昌仪 2005），湖南平江（杨时逢 1974），湖北通城（赵元任等 1938），安徽桐城（杨自翔 1989）、青阳、庐江、枞阳（石绍浪 2007），江苏宝应（王世华 1992；鲍明炜 1998）、灌南（鲍明炜 1998）等 14 个点。各地音值有一定的差异，宝应为［ l̩ ］，桐城、青阳、庐江、枞阳为［ɬ］，其他点为［l］"（石绍浪 2007）。

2. B 型，二分型

一般是三分型中前部位的两个韵尾-p/-t 合并，与后部位的-k 尾形成前后对立，大多数客赣方言属于这种类型，它有 8 种变型。

① B1 型，-ʔ/-l 或-ʔ/θ 两尾型。江苏宝应方言属于-ʔ/l 两尾型；安徽桐城、枞阳方言属于-ʔ/∅ 两尾型（郝红艳，2003）。

吴波（2007）指出了宝应和桐城方言入声韵尾的对应关系："桐城方言的-ɬ 和宝应的-l，都对应于中古主元音相对较高的深臻曾梗摄；桐城的零韵尾和宝应的-ʔ韵尾，对应于主元音相对较低的咸山宕江摄，有少数例外见于曾一和梗二，多与唇音声母相配。两者不同的地方主要表现在通摄上，楚语完全相反的位置"。

桐城　ɬ　深臻　曾三　梗三四　通　θ　咸山宕江　曾一梗二
宝应　l　深臻　曾　梗　　ʔ通　咸山宕江　曾一梗二（唇）

石沧浪（2007）认为，桐城（新渡镇）是-ʔ/l 二分型，"也像宝应方言一样［-ɬ］尾与［-ʔ］尾对立"。

② B2 型，咸、深、山、臻诸摄读-t，其余韵摄读-k。这种类型的方言点有：赣语的南昌市、余干；客家话的井冈山、宁都、连南、三都、铜鼓、翁源、澡溪。

③ B3 型，咸、深、山、臻诸摄读-t，其余韵摄读-ʔ。这种类型的方言点有：赣语的吉水、金溪、进贤、靖安、安义、乐安、南昌（县）、平江、上高、新干、新建、宜丰、宜黄。

④ B4 型，咸、深、山、臻诸摄读-l，其余韵摄读-k。这种类型的方言点

有：赣语的都昌，客家话的黄沙桥。

⑤ B5 型，咸、深、山、臻诸摄读-l，其余韵摄读-ʔ。这种类型的方言点有：赣语的高安、修水。

⑥ B6 型，宕、江、通、曾、梗诸摄主要读-ʔ 尾，咸、山两摄读-ʔn 尾。湖北通城的赣语属这种类型。

⑦ B7 型，宕、江、通、曾、梗诸摄主要读-ʔ 尾，咸、山两摄读-n 尾。赣语福建邵武、光泽属这种类型。

⑧ B8 型，中古咸深摄保持-p 尾，其他韵摄读-ʔ 尾。这种类型只有赣语黎川一个点。

3. C 型，合流型

合流型是二分型的进一步发展，所有韵尾合并为一个喉塞音韵尾-ʔ。属于此类型方言有：绝大多数吴语；丰城、贵溪等赣语；兴国、武平等客家话；临桂五通的平话；晋语；合肥、嘉山、含山、扬州、南京等洪巢片江淮官话，泰州、如皋、南通等泰如片江淮官话。

4. D 型，脱落型

脱落型的-ʔ 尾脱落，入声韵促声舒化。属于这种类型的方言有：湘语；部分吴语，如苍南蒲门、温州、缙云、宣州片的铜陵太平、石台横渡、石台七都、黄山甘棠等；部分平话，如平乐青龙、临桂两江、灵川三街、宁远清水桥等；江淮官话黄孝片，如安庆市区、怀宁高河镇，江苏的新海连，江西的九江、瑞昌，湖北的黄冈、孝感、蕲春、英山、鄂州、红安、应城、浠水、麻城、罗田、黄陂、黄梅、广济、云梦等等。

5. E 型，双层型

双层型的独特之处在于它的入声系统是两个历史层次的叠加，早期入声韵尾合流为-ʔ（有的后来进一步演变为-ə），晚期又从权威方言中借入了一个-p/-t/-k 三分的入声韵层次，两个层次共存。属于这种类型的方言主要是闽语，闽北片的建瓯、建阳、浦城、石陂、武夷山、松溪、政和、沙县、尤溪、永安等。

（二）入声调的类型

由于汉语是一种有声调差异的语言，声调的区别对于方言的归属往往起着很重要的作用。在古汉语声调中，平声字今读在各汉语方言中比较一致，多分为阴平和阳平，很少例外；上声字今读在各汉语方言中差异稍大一些，通常保留阴上作为上声调，阳上则归入去声（少数方言上声区分阴阳，如粤语）；去声字的今读各方言差别较大，多地方言均保留去声调，不少方言的去声区分阴阳（如本区内的皖西南赣语的去声调），还有将古去声归入今平声或上声内了。总体看，古声调今读无疑数入声差别最大，也是汉语方言分区的一个重要的标准。

汉语方言入声调的主要类型：甲类有两类独立的入声调，一般有入声韵；乙类只有一类入声调，保留入声韵；丙类有一类入声调，声调有的是短调，有的是长调，无入声韵。

二、皖西南及周边方言的入声

皖西南及周边的典型方言主要是江淮官话和赣语，前者包含洪巢片和黄孝片江淮官话：洪巢片江淮官话入声的主要表现是后者。因此，除了本地各市县，还选取邻近的巢湖、庐江、黄州、红安等点。因为本区内有些方言点的选取和入声过渡特征相关，所以同一个县市会多选取一些方言点①。

方言点	调类数	平		上		去		入	
		阴	阳	阴	阳	阴	阳	阴	阳
巢湖	5	31	35	213		52		ʔ5	
庐江	5	31	11	213		55		ʔ5	(11)
桐城_{县城}	5	21	13	24		42		ɬ5	Ø5
桐城_{金神}	5	21	13	24		42		ʔ5	
枞阳_{义津}	6	31	24	324		53		ʔ5	11
枞阳_{项铺}	5	31	13	224		53		55	
安庆市	5	31	35	213		53		55	
怀宁_{高河}	6	42	35	213	(32)	51	32	55	(32)
潜山	5	22	44	31	(13)	35	13	(35)	(13)
岳西	6	21	35	24	(33)	53	33	213	(33)
怀宁_{石牌}		31	44	42	(33)	35	33	(35)	(33)
望江	5	21	35	24	(22)	55	22	(55)	(22)
太湖	5	22	45	31	(33)	24	33	(24)	(33)
宿松	6	11	24	42	(324)	31	324	55	(324)
湖北_{黄冈}	6	33	213	53	(44)	35	44	13	

---

① 表格中孝感材料引自王求是（1996），桐城（县城）引自杨自翔（1989），红安引自伍巍（2006）。

（续表）

方言点	调类数	平		上		去		入	
		阴	阳	阴	阳	阴	阳	阴	阳
湖北_{孝感}	6	44	21	52	(55)	35	55	13	(55)
湖北_{红安}	6	11	31	55	(33)	35	33	213	
江西_{瑞昌}	5	42		24	—	25	33	214	
九江	6	22	55	24	—	213	33	51	

三、皖西南方言入声的过渡性特征

刘泽民（2009）认为，汉语方言入声具有历时层次性，总体呈现 A 型→B 型→C 型→D 型→E 型过渡的趋势。许宝华（1984）总结汉语入声演变公式为：

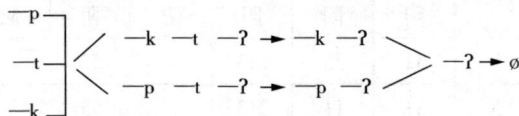

$$\left.\begin{array}{l}-p\\-t\\-k\end{array}\right\}\left\langle\begin{array}{l}-k\ -t\ -?\ \rightarrow\ -k\ -?\\-p\ -t\ -?\ \rightarrow\ -p\ -?\end{array}\right\rangle\ -?\ \rightarrow\ \text{ø}$$

"江淮官话入声字韵母的［-1］尾，起源于［-?］，是弱化的喉塞音韵尾在高或偏高元音组合时产生的音变，是入声音节［-?］尾向零韵尾［-ø］的过渡，它的出现预示［-?］行将消失。它的存在时间可能不会太长，也可能像宝应方言那样仅到中低元音为止，不会影响到所有的入声韵。随着喉塞音韵尾［-?］的弱化脱落的大趋势，江淮官话出现［-1］尾的方言点可能会越来越多"（石沧浪 2007：113）。皖西南方言入声的历时发展证实了这个观点：

邢公畹先生（1984）记录的1937年之前的安庆市方言入声，没有入声韵尾，但入声韵的"都是紧的"，舒声里松的元音，到入声韵里变得"喉头肌肉紧缩，口腔肌肉也紧张起来，有时因紧张而拉缩的情况从口腔外部也可以看出来"。例如①：

"哈" xa¹¹　"瞎" xa⁴³　"家" tɕia¹¹　"夹" tɕia⁴³

这种紧张还可以使圆唇高后元音 u 在某些声母后拉成长缝式的。如：

"书" su¹¹　"叔" su⁴³　"姑" ku¹¹　"谷" ku⁴³

安庆方言的后高元音 u 在唇齿音 f 后变 ɣ，而入声字 ɣ 后的唇形拉得更长，

---

① 邢文记录的安庆市的声调是：阴平11，阳平35，上声213，去声41，入声43。元音符号下加个短横表示紧元音，例如：u̱。

摩擦性更强。如："夫" fʋ¹¹、"服" fʋ⁴³

后高元音 u 在双唇音 p–组声母后，在入声字里紧化成 o̞。如："铺" pʰ o̞¹¹、"扑" pʰ o̞⁴³。这个紧化的 o̞ 是 u 的变体之一，用来充当介音或韵尾；充当韵腹时是 [u]；f 声母后或充当零声母的韵头时，是上文所说的摩擦音较强 ʋ，常记作 [V]。这于不但存在安庆市区方言，怀宁县高河片、潜山北部及岳西方言里也有。紧化作用还可以使前高元音带上很强的摩擦音。例如：

"尸" ʂʅ¹¹　　"十" ʐʅ⁴³　　"妻" tɕʰʮ¹¹　　"吃" tɕʰʮ⁴³

紧化作用还使安庆方言的元音 e 变成，就是变得不但紧一些，而且低一些。舒声字和入声字在元音松紧上的对立都伴随着声调上的对立，因此松紧元音也可以看作同一韵尾在不同调类下的变体。

（一）两条过渡路线

在皖西南及周边方言的入声方面呈 "–ʔ>–l>Ø" 的演变方式，其中的 "–l" 舒化的过程中，入声字有 "紧元音" 特点。结合上文 "皖西南及周边方言的入声"，即可发现皖西南方言的入声体现出这样两条过渡性路线：

① （洪巢片）–ʔ 巢湖、庐江→–ʔ 桐城金神、枞阳义津→–ɬ 桐城县城、枞阳→–Ø（有入声调，紧元音性质）枞阳项铺、安庆市区→（有入声调）怀宁高河、岳西、宿松→（黄孝片）–Ø（有长入声调）湖北黄冈、湖北孝感、江西瑞昌、江西九江。

② （洪巢片）–/巢湖、庐江→–/桐城金神、枞阳义津→–ɬ 桐城县城、枞阳→–Ø（有入声调）枞阳项铺、安庆市区→–Ø（无入声调）潜山、怀宁石牌、望江、太湖。

（二）过渡路线的异同

1. 第一条过渡路径的特征

这两条过渡路线，性质不太一样。第一条是从有喉塞韵尾有入声调向无喉塞音韵尾有入声调过渡，这条线体现以下过渡性方言特征：

① 它反映的是洪巢片方言向黄孝片方言的过渡。

② 从古入声今读看，桐城、枞阳方言处在洪巢片向黄孝片的过渡带上，安庆市区、怀宁高河片、岳西及宿松等方言更接近黄孝片江淮官话。

2. 第二条过渡路径的特征

第二条过渡路径是由有喉塞音韵尾有入声调向无喉塞音韵尾无入声调过渡，它体现出以下过渡性方言特征：

① 过渡路线的末端，即怀宁石牌片、潜山、望江、太湖等方言的入声已

经派入（平上去）三声，方言系统没有入声了。处在赣语和江淮官话包围圈中的这几个地方的方言呈现出这样的特点，应该不是普通话"拉齐"作用那么简单，因为同样地理人文的其他县市保留了入声系统。也许与清晚期太平天国战争有关：持续很久的太平天国安庆保卫战征集了很多当地居民，据当地老年人说这个旷日持久的战争消耗了当地土著居民几乎全部的青壮年力量。"保卫战太平天国战争后，江北移民纷纷渡江前来，因而沿江一带的赣方言消失"（葛剑雄 1997）。

② 从古入声今读角度看，怀宁石牌片、潜山南、望江及太湖的方言与黄孝片方言不同。

第四节　ʮ 韵系及其过渡性特征

一、ʮ 韵系的语音及其历时层次

（一）ʮ 韵系的语音

ʮ 韵系指的是以 ʮ 为介音或韵腹的 ʮ 韵母系统。赵元任等（1948）认为，"'书'、'虚'混，大半读 ʂʮ 部位"，是红安、罗田、英山、浠水、黄梅、蕲春等地方言的一个重要特征，有"'下江话'的风味"。《中国语言地图集》（1987）"书虚""倦篆"同音的特点作为黄孝片江淮官话的主要特点。这里的"书虚""倦篆"在黄孝片的读音多属 ʮ 韵系。

在黄孝片诸方言中，ʮ 韵系主要分布在遇、蟹、止、山、臻等摄的知章组合口，果、遇、山、臻、曾、梗、通等摄见系合口，遇、止、山、臻等摄日母合口，假、咸、深、山、臻、宕、曾等摄日母开口，遇摄合口三等泥组。

（二）皖西南及周边方言的 ʮ 韵系

除了常见于上文提及的鄂东诸县市的黄孝片江淮官话，ʮ 韵系还存在于桐城市、安庆市（区）、怀宁县（高河片）、潜山县、岳西县、宿松县等多个市县的皖西南方言中。

1. 知章组古合口细音韵

区内方言知章组通摄之外的古合口细音韵，今读作 ʮ 类韵母。遇、蟹、止、山、臻等摄合口细音韵的知章组字今读均如此。例如：猪遇知 tʂʮ，书遇书 ʂʮ，税蟹书 ʂʮei，追止知 tʂʮei，传～达山澄 tʂʰʮan，穿山昌 tʂʰʮan，椿臻彻 tʂʰʮən，准臻章 tʂʮən。

2. 合口细音韵前见晓组与知章组

区内方言遇、山、臻等摄的鱼（举平赅上去，下同）、虞、仙、先、谆、文等韵的见晓组与知章组合流。例如：书书＝虚晓ᴄ ʂʮ，倦见＝篆知ᴄ tʂʮan，猪知＝诸章＝居见 ₌tʂʯ。

3. 日母

遇、止、山、臻等摄日母合口，假、咸、深、山、臻、宕、曾等摄日母开口，今作 ʯ 类韵。例如：如 ₌ʯ，乳 ᶜʯ；润 ʯən³，软 ₌ɥen。

4. 遇摄合口三等泥组

遇摄合口三等泥组，今作 ʯ 类韵。例如：女 ᶜʯ，吕 ᶜʯ。

5. 遇摄合口三等精组文读

遇摄合口三等精组，今白读为 i 类韵，文读音为 ʯ 类韵[①]。例如：趣 tɕʰi³/tʂʰʯ³，徐 ₌tɕʰi/₌tʂʯ。

6. 通、臻合口三等影组

通、臻合口三等影组，今作 ʯ 类韵。如：育（文读）ʯ³，云 ₌ɥən。

7. 止、山摄合口及宕江开口庄组字

止摄三、山摄二三等合口及宕摄三等江摄二等开口庄组字，今作 ʯ 类韵。如：帅 ʂʯai³，窗 ₌tsʰʯaŋ，床 ₌tsʰʯaŋ。

二、ʯ 韵系的历时层次及共时过渡性特征

（一）ʯ 韵系共时比较及历时层次

1. 共时比较

ʯ 类韵通行于皖西南多个县市的方言、鄂东诸县市及江西九江方言中，其共时读音不尽相同，比较如下[②]：

	字	桐城	安庆	高河	潜山	岳西	英山	孝感	瑞昌
邪鱼	徐	tɕʰi/ tʂʰʯ	tɕʰi /tʂʰʯ	tɕʰi/ tʂʰʯ	tɕʰi/ tʂʰʯ	tɕʰi/ tʂʰʯ	tʰi/	tʰi/	tʰi/
泥鱼	女	øʯ/	nʯ/	nʯ/	øʯ/	þʯ/	þʯ/	øʯ/	þʯ/
来鱼	滤	li/øʯ	nʯ/	nʯ/	li/øʯ	/øʯ	li/	li/	li/
心虞	须	₌ɕʰi/	/₌ʂʯ	ɕʰi/ ʂʯ	ɕʰi/ ʂʯ	ɕʰi/ ʂʯ	ɕʰi/	ɕʰi/	ɕʰi/
从虞	聚	tɕi/tʂʯ	/tʂʯ	tɕi/tʂʯ	tɕi/tʂʯ	tɕi/tʂʯ	tɕi/	/tʂʯ	tɕʰi/
知鱼	猪	tʂʯ	tʂʯ	tʂʯ	tʂʯ	tʂʯ	tʂʯ	tʂʯ	tʂʯ

---

① 列表时，用斜杠"/"分开，前面为白读，后面为文读，下同。由于表格空间小，加之本表主要研究声韵，故表格中省略声调。

② 表格中鄂东方言读音引自郭丽（2009）。

（续表）

	字	桐城	安庆	高河	潜山	岳西	英山	孝感	瑞昌
章虞	主	tʂʅ	tʂʅ	tʂʅ	tʂʅ	tʂʅ	tʂʅ	tʂʅ	tʂʅ
生虞	数	sɤu	sɤu	sɤu	sɤu	sɤu	sɤu	sɤu	sɤu
溪鱼	去	tɕʰi/ tʂʰʅ	tɕʰi/ tʂʰʅ	tɕʰi/ tʂʰʅ	tɕʰi/ tʂʰʅ	tɕʰi/ tʂʰʅ	tɕʰi/ tʂʰʅ	tɕʰi/ tʂʰʅ	tɕʰi/
疑鱼	鱼	Øʮ	Øʮ	Øʮ	Øʮ	Øʮ	Øʮ	Øʮ	þʮ
见鱼	锯	tʂʅ/ke	tʂʅ/ke	tʂʅ/ke	tʂʅ/ke	tʂʅ/ke	tʂʅ/kɛ	tʂʅ/kɛ	
云虞	雨	Øʮ	Øʮ	Øʮ	Øʮ	Øʮ	Øʮ	Øʮ	þʮ
澄脂	锤	tʂʰʮei	tʂʰʮei	tʂʰʮei	tʂʰʮei	tʂʰʮei	tʂʰʅ /tʂʰʮei	tʂʰʮei	tʂʰʮei
书旨	水	ʂʮei	ʂʮei	ʂʮei	ʂʮei	ʂʮei	fei/ ʂʮəi	fei/ ʂʮei	ʂʮei
生删	闩	ʂʮen	ʂʮen	ʂɛn	ʂuan	ʂuan	san	san	ʂʮen
初江	窗	tʂʰʮan	tʂʰʮan	tʂʰʮɯn	tʂʰʮaŋ	tʂʰʮaŋ	tʂʰʮaŋ	tʂʰʮaŋ	tʂʰʮaŋ
崇阳	床	tʂʰʮan	tʂʰʮan	tʂʰʮɯn	tʂʰʮaŋ	tʂʰʮaŋ	tʂʰʮaŋ	tʂʰʮaŋ	tʂʰʮaŋ

2. 历时层次性

本节 2.1.1 共时比较表格显示，黄孝片（含表中皖西南县市）方言部分韵母为 i 的遇摄合口三等字向 ʮ 变异。周扬（2007）援引柯蔚南（2005）的观点指出，"'取'、'须'这些字韵母读 i 是明清时期江西移民影响的结果"，"黄孝片方言去、取、娶、趣、须等韵母为 i 的字在文读或新派读音中有 ʮ 的读法，这是受普通话影响的结果"。周文认为，黄孝片的 ʮ 韵系发展不稳定，不平衡性体现了其晚期的语言层次。"就其演变顺序而言，遇摄合口三等及部分止摄合口三等应该最先变为 ʮ，-ʮ- 进而成为音系中撮口呼的介音。而来自入声、庄组及 i 韵母的 ʮ 韵系字主要是黄孝片方言与普通话强烈接触而产生的晚期变异现象"。郭丽（2009）在研究湖北黄孝方言鱼虞韵的历时层次时，证实了周文关于 ʮ 韵系的层次性。例如：

鱼虞相混最晚层次（精泥组，见系）	ʮ	女 Øʮ；趋 tʂʰʮ
鱼虞相混次晚层次（精泥组，见系）	i、ʮ	蛆 tɕʰi；屡 nʮ；巨句 tʂʮ
鱼虞有别层（只见于见系）	i	去 tɕʰi（白读）；锯 kɛ

（二）共时过渡性特征

1. ʮ类韵的过渡性特征

从共时方言语音上看，皖西南部分县市的方言呈现出洪巢片向黄孝片过渡的特点，另外县市的方言则与赣东北方音接近：

① 黄孝片的过渡路线：（洪巢片）巢湖、庐江 u、y→枞阳 i、y→桐城、安庆市区 i、ʮ→怀宁高河片、潜山北、岳西北 i、ʮ→（黄孝片）英山、蕲春、武穴 i、ʮ→（黄孝片）瑞昌 i、ʮ。

② 赣方言的过渡路线①：（洪巢片）巢湖、庐江 u、y→（黄孝片）枞阳 i、y→（黄孝片）桐城、安庆市区 i、ʮ→怀宁石牌、潜山南、岳西南、望江、太湖、宿松 i、y→（赣语）彭泽、湖口 i、ʮ。

这两条过渡路线有交叉过渡带，即怀宁县、潜山县和岳西县。这三县的方言正是江淮官话和赣语的过渡接榫区。

2. 皖西南方音过渡性特征

上文提及，《中国语言地图集》将 ʮ类韵及其特点作为江淮官话分片的标准之一。孙宜志（2006）在分别提取鄂州和孝感、合肥和南京的共同语音特征后，提出5条标准，区分安庆三县市方言与黄孝片和洪巢片方言的远近，以确定安庆三县市的分片归属。除了上述 ʮ类韵特征之外，孙宜志确定的其他标准是：第一，遇摄一等端系与流摄一等韵母合并；第二，遇摄合口三等、蟹摄合口三等、止摄合口三等、山摄合口三等、臻摄合口三等精组字今读齐齿呼韵母；第三，蟹摄合口一定端系字读细音；第四，分阴阳去，入声读长调。以下采用孙宜志的标准，我们将皖西南另外几个县的方言加入对比表格中：

地区	1	2	3	4	5
鄂州	+	+	+	+	+
孝感	+	+	+	+	+
桐城	+	+	+	−	−
枞阳	+	+	+	+	+
安庆市区	+	+/−	+	+	+
怀宁高河	+	+/−	−	+	+

① 过渡路线中的宿松县笔者调查是非 ʮ韵系方言，与曹志耘（2008）《汉语方言地图集·语音卷》不一致，或许与调查点有关。

（续表）

地区	1	2	3	4	5
潜山源潭	+	+/−	−	+	+
岳西温泉	+	+/−	−	+	+
合肥	−	−	−	−	−
扬州	−	−	−	−	−

例字如下①：

地区	图遇一定	头流一定	祖遇一精	走流一精	蛆遇合三清	岁蟹合三心
鄂州	꜁tʰeu	꜁tʰeu	꜁tseu	꜁tseu	꜁tɕʰi	ti꜄
孝感	꜁tʰəu	꜁tʰəu	꜁tsəu	꜁tsəu	꜁tɕʰi	ti꜄
桐城	꜁tʰeu	꜁tʰeu	꜁tsəu	꜁tsəu	꜁tɕʰi	ti꜄/sei꜄
枞阳	꜁tʰɔu	꜁tʰɔu	꜁tsɔu	꜁tsɔu	꜁tɕʰi	ti꜄
安庆	꜁tʰeu	꜁tʰeu	꜁tseu	꜁tseu	꜁tɕʰi/꜁tʂʰʅ	sei꜄
高河	꜁tʰəu	꜁tʰəu	꜁tsəu	꜁tsəu	꜁tɕʰi	sei꜄
源潭	꜁tʰəu	꜁tʰəu	꜁tsəu	꜁tsəu	꜁tɕʰi	sei꜄
温泉	꜁tʰəu	꜁tʰəu	꜁tsəu	꜁tsəu	꜁tɕʰi	sei꜄
合肥	꜁tʰu	꜁tʰɯ	꜁tsu	꜁tsɯ	꜁tɕʰy	se꜄
扬州	꜁tʰu	꜁tʰFɯ	꜁tsu	꜁tsFɯ	꜁tɕʰy	suei꜄

继续举例列表：

地区	醉止合三精	全合三从	旬臻合三邪	腿蟹合一端	再蟹去精	在蟹去从	一臻入
鄂州	tɕi꜄	꜁tɕʰien	꜁ɕin	꜄tʰi	tsai꜄	tsai꜅	i²⁴
孝感	tɕi꜄	꜁tɕʰien	꜁ɕin	꜄tʰi	tsai꜄	tsai꜅	i¹³
桐城	tɕi꜄	꜁tɕʰien	꜁ɕiən	꜄tʰi/꜄tʰei	tsɛ꜄	tsɛ꜅	iɤɯ/⁵

---

① 根据本人调研，部分引用孙文，并作删改。

（续表）

地区	醉止合三精	全合三从	旬臻合三邪	腿蟹合一端	再蟹去精	在蟹去从	一臻入
枞阳	tɕi⊃/tsei⊃	₌tɕʰiẽ	₌ɕiən	⊂tʰi/⊂tʰei	tsɛ⊃	tsɛ⊃	iə⌿⁵
安庆	tsei⊃	₌tʂʰʮen	₌ɕin	⊂tʰei	tsɛ⊃	tsɛ⊃	i⁵⁵
高河	tsei⊃	₌tɕʰiɛn	₌ɕiən	⊂tʰei	tsɛ⊃	tsɛ⊃	i⁵⁵
源潭	tsei⊃	₌tɕʰien	₌ɕiən	⊂tʰei	tsɛ⊃	tsɛ⊃	i⁵⁵
温泉	tsei⊃	₌tɕʰien	₌ɕiən	⊂tʰei	tsɛ⊃	tsɛ⊃	i⁵⁵
合肥	tse⊃	₌tɕʰyI	₌ɕyn	⊂tʰe	tsE⊃	tsE⊃	iə⌿⁵
扬州	tsuəi⊃	₌tɕʰyẽ	₌ɕyŋ	⊂tʰuəi	tsɛ⊃	tsɛ⊃	ieʔ⁵

　　从上表可见，在进行比较的五个项目中，呈现出由桐城、枞阳、安庆到高河、潜山、岳西，分别与鄂东黄孝片方言过渡，语音特点的相同处呈增多的趋势。因此，包括孙宜志（2006）所说的枞阳、桐城、安庆三县市在内，怀宁高河片除了全浊送气，很少有其他赣语语音特征，它和潜山北、岳西北[①]均与鄂东黄孝片江淮官话接近，应归属黄孝片江淮官话。

---

① 潜山北指的是潜山县内，源潭镇以北；岳西北指的是岳西县境内青天乡和石关乡以北，下同。

第三章　方言词及其过渡性特征

"较之语音学和语法学，词汇学是现代汉语研究中最薄弱的。如何建立现代汉语词汇学更是有赖于共同语和方言词汇的比较研究。对于词汇系统来说，最重要的是核心词——基本词——派生词——一般词的同心圆系统"（李如龙2000），基本词当中有些是古今南北没有区别的，各地方言共有的。但也有一些基本词是有方言差异的。本章节首先要做的事就是比较基本核心词在皖西南及周边的表达，并以方言基本核心词探究各市县方言的亲疏度。

"一定批量的方言特征词是划分方言区、考察方言间亲疏关系的重要根据，也是研究现代汉语基本词汇的材料"（李如龙2000）。所以，方言词汇研究时，我们必须努力找出当地方言的特征词，然后进行横向比较，以揭示其过渡性特征。

第一节　基本核心词及其过渡性特征

"方言词汇的搜集还缺少一套简便而系统的方法。各方言都有一些不同于普通话的特殊词语，所以很难指定一个普遍适用而无重大遗漏的调查大纲"（袁家骅2006）。所以，要想了解皖西南方言词汇特征，必须在确定的调查点进行翔实的田野调查。深入细致的田野调查，除了按照一定的标准确定调查点之外，还需可靠的词汇调查标准。语言要素中，词汇的发展和传播最容易受到社会生活各种因素推动和影响，其标准的界定甚至比语音更难划分。我们可以从方言词汇中不易受影响的、最稳定的核心部分着手，来研究方言核心词的构成及其特征。

一、方言特征的统计原则及相关典型数据的处理方法

（一）方言词汇比较的计量基础理论

传统方言研究，多为定性研究，其汉语方言研究法——特征比较法，无论在理论上还是实践上，都会遇到难以克服的困难。理论上，方言具有自己独特的语音、词汇和语法系统。在各个结构层面上，它都有跟其他方言相同

的特征，同时也有区别于其他方言的特征。方言间的差别正是大量的、个别的差别的总和。因此，某一个或几个特征当然不是这些差别的综合反映，自然很难概括方言间的差异了。

从实践上看，特征判断的应用也存在不少困难。使用某一条特征的同言线进行方言分区，稍嫌牵强，因为很难做到对外排他和对内一致。如果同时使用几条特征的同言线来分区时，我们发现，这些特征的同言线往往相互交叉、错综复杂，把方言区的界限弄得十分模糊和不稳定。

汉语方言的定量研究，是根据统计学的原理对汉语方言特征成分进行计量的比较研究。在汉语方言学中，只有进行量的比较才是定量研究，简单的量的计算不是定量研究。和其他事物一样，在汉语方言学中定性研究与定量研究也是质和量的统一，沈榕秋（1994）认为，定性研究是定量研究的基础，只有在定性研究分析出方言特征成分符合汉语史、符合方言发展规律之后，定量研究才可能对这些成分进行可行的量化分析。反过来，例如不同方言间的亲疏度比较，则是定性研究难以解决的，只能通过定量研究去解决。

不但宏观的汉语研究可以量化统计，微观的方言特征也可以计量化研究。方言比较的计量化，最早要数郑锦全先生。从1973年开始，他通过语音的声调来计算方言的差异。此后，他又开始将统计计量法运用于方言词汇关系上，"相关系数被运用来量度和表述各方言间相互关系的密切程度，从而对各方言间亲疏关系作出了计量描写。嗣后，论文中关于词汇比较的部分，作者做了更详尽的讨论"（陆致极1987），他建议把亲疏关系作为考察方言关系的一个重要方面。关于定量分析在方言研究中的重要性，李如龙先生（2001）认为："共时的分类有时应该以一定的数量为界线的，量是区分不同质的依据；历时的演变则往往是量变的积累引起质变的飞跃。这便是现代系统论十分重视计量研究的原因。研究语言时重视计量研究，这是现代的汉语研究工作的一大进步，但是这种方法还没有得到应有的推广。"

1988年，郑锦全发表了《汉语方言亲疏关系的计量研究》，将计量研究运用到汉语音韵上，并以此来判断方言的亲疏远近。郑锦全（1988）认为："这些数量研究最重要的贡献在于确定了一种研究方法，从而提供了一种计算方言亲疏关系和区划方言的手段。"

在经历长期历史发展后，同源方言的各要素的存留并不是整齐划一的。因此，早期的语言年代学的研究者们根据同源基本词汇项制定出一些数学公式来，用以计算词汇关系的密切程度和两种有关联的语言分离的年限，在确定"时间深度"计算留存同源词的百分比，这样的做法不能让人信服。因为"谱系关系主要决定于同源词的语音、形态和句法特征，而不是它们的数量

（陆致极，1987）"。所以，比较方言相似度以确定其亲疏关系时，应先确立同源基本词汇，然后进行横向比较，获得一系列数据后方能探究量度各方言的亲疏度，论证过渡区方言的过渡性特征。

方言过渡性特征，既有共时的，又有历时的。王士元（2007）指出，"方言间有差异，从共时角度来讲，这些差异表现了方言间的相似程度"，反映的是方言的亲疏关系；另一方面，这种共时的亲疏关系"常常是和历史上方言形成的时间先后有一定的对应"，反映的是亲缘关系。"亲疏关系是一种类型上的分类，而亲缘关系是一种遗传上的分类"，它们的区别"不在于选择什么样的语言材料，而在于研究问题本身，即用分类来探讨是语言间的历时关系还是共时关系"，图解如下：

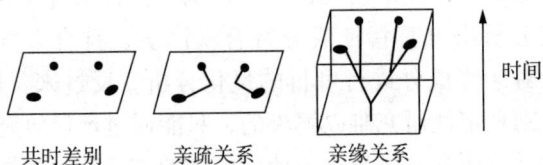

共时差别　　亲疏关系　　亲缘关系

（二）方言核心同源词汇的选取及共时比较的相似度计分原则

1. 方言核心同源词的选取原则

方言要素中，词汇是相对最不稳定的，因为词汇的发展和传播经常受到社会生活各种因素的推动和影响。"词汇的方言界定要比语音的方言界定更加不稳定，更难划分"。因此，研究方言词汇亲疏关系，体现其过渡性特征，如何优选处核心同源词，即设计一种通用的基本词汇表，无疑是计量研究方言词汇的最重要的步骤之一。

邓晓华、王士元（2009）认为，很难制作出那种所谓"通用"的词表，因为"一种语言中不同的词汇范畴具有不同的变化程度，一种语言中具有许多这类范畴。词汇中这种不同的变化程度可通过词汇传播理论来预测"，"不同的同源词在统计中的地位不同，即它的'权重'不同"。

研究汉语方言词汇，既要着眼方言词汇的继承性，又要考虑到其发展和创新。因此，我们在进行方言亲疏度的共时比较的时候，不但要注意不同范畴词的权重计分，还应优选那些南北差别大而不是被借用的词。本节内容参照袁家骅（2006）的"20个方言词对照表"，从多角度考虑到以上关于核心同源词的选取原则。

2. 相似度共时比较的步骤及其计分规则

王士元、沈钟伟（1992）认为：语言分类的研究在性质上是属于分类学的。使用数理方法的分类是数理分类学（Numerical taxonomy）。分类是对分类对象特征进行分析的一个过程，这个过程由一连串的步骤构成，主要是：①特征选择；②特征量化；③计算相关系数；④聚类分析。这四个步骤都是对复杂的材料的简化处理过程。前三个步骤是对方言内部特征的综合测定，简化为一对方言间的相关系数。最后一个是对各个方言间关系的表述，简化为一维到三维之间的关系。

王士元、沈钟伟的关于方言关系计量表述是本书借鉴的基础，但我们将最后一个步骤改为"数据处理及趋势分析"：①特征选择；②特征量化；③计算相关系数；④数据处理及趋势分析。就是说，汉语方言定量研究基本步骤的主要原则是与统计学原理一致的。

（1）特征选择及方案设计

对方言进行定量研究之前，我们要确定所选课题是否值得使用或能不能用定量研究的方法。一般来说，定量研究比定性研究复杂，因此，可以用定性研究解决的问题，尽量不用定量研究。

确定了定量研究的课题之后，我们就要对课题进行特征选择。特征选择的实质是优选所要比较方言的特征要素。同源的几种方言所存留的历史方言特征是不同的，对这些方言进行亲疏比较的时候，就面临特征选择，也就是比较对象的类别选择。只有选择了正确的可比类别，才有可能真正反映这几种方言之间的亲属关系。

定量研究的方案必须强调逻辑缜密，其材料收集、材料处理及如何计算等等，都必须有一个合理的设计方案。如前文所说，本书的材料，既有本人田野调查所得的第一手现场材料，也有参考已经刊发的相关方言文献。对收集好的材料，要仔细加以甄别，剔除不相干的或者影响定量研究的，然后在选题范围内尽可能详尽地罗列相关材料，针对每一个专题研究进行抽样调查，形成相关数据库，以待特征量化和计算。

（2）特征量化及计分规则

优选了方言特征之后，计量研究要求我们对所选特征进行量化处理，词汇特征的量化就是对于所比较的对象确立比较规则，并进行计分。在汉语方言分类的计量是以语素还是以词为单位的问题上，王士元、沈钟伟（1992）认为，"应该计算的基本单位应当是语素。理由很简单，不同的词汇形式中有时存在相同的语素，这些相同的语素也同样体现方言间关系，表明相互间有共同来源的证据，对这种部分相同的关系不能视而不见"。他们以"爷爷"这个亲属称谓在四个吴语点上的表现形式来佐证量化单位只能是语素而不能是词语：

苏州	宜兴	宁波	上海
阿爹	爷爷	阿爷	老爹

因为这四个词语形式若以词为单位来看，个个都不相同。也就是说，这些词没有任何关系。但从语素的角度分析，情况大不相同："爹"或"爷"同样是词根语素，"阿"或"老"则同为词缀语素，这四个地方关于"爷爷"这个称谓词的说法显然相关。就是说，分析方言在词汇形式上的关系以语素为单位，才能"把词汇形式里的语素和构词上的相似性合理地体现出来"（王士元等，1992）。

同一个词，在不同的方言里的表达形式可能是不同数目的语素，如普通话里"小孩儿"这个词的表达，安庆市区叫"小伢儿"，枞阳、桐城、怀宁、潜山、岳西、望江、太湖等都叫"小伢"①，宿松人叫"滴滴伢儿"，它们的词根语素是相同的，不同的是儿化和偏正修饰限制语素"小"的表达。因此，以语素为单位进行方言词汇比较，会涉及多种对应情况的计分规则。简单概括方言词比较时的计分规则如下：

被比词的字数比	前者计分	后者计分	备注及举例
1:2	0	0	完全不同
	1	0.5	一字相同，后者加词缀：爹、阿爹
1:3	0	0	完全不同
	1	0.5	一字相同：日、日头儿
2:2	0	0	完全不同或仅词头相同
	0.5	0.5	词根语素相同，其一有词缀：花儿、花朵
	0.75	0.75	词根相同，词头或词尾不同
	1	1	完全相同
2:3	0	0	完全不同
	1	0.5	一个词根相同
	1	0.75	两个词根相同
	1	1	完全相同，或仅后者是词头或词尾不同

以上计分规则说的是两个词比较的时候，语素的顺序一致的计分情况。

---

① 李金陵（1994）认为"潜山、枞阳、桐城三地叫'小伢儿'"的说法，应当有误，因为此处的"几"是皖西南地区表复数的一种方式。

如果被比较的两个词的语素顺序相反，则按计分规则的一半计分，如"牯牛"和"牛牯"，计0.5分。

两个方言间的关系主要体现在"双有"，即被比较的双方共有的属性上；无论是"无有"还是"有无"，都表示一对方言之间的差异，只是二者之间差异的方向有所不同。如果是"双无"，即被比较的双方都没有的属性出现，二者之间没有关系，如果给"双无"估分，反而会"错误地估计方言间的关系"（马希文，1989）。因此，研究中，被比较的"双无"均记为0分，或不列入比较特征。

（三）方言比较的数据处理、散点图及趋势线的形成

不同的方言特征进行横向比较之后，获得的一系列的典型数据。为了确保结论的正确性，还应当佐以别的证据，包括找其他的内部证据或外部证据。"所谓其他的内部证据是指数量分析以外的方言证据，主要是指定性研究方面的证据。所谓外部证据是指方言以外的证据。譬如，当从数量上分析出甲方言的语音变化与乙方言的影响是相关的，还应当设法找出诸如甲方言语音变化中某些音位分合情况与乙方言一致的定性研究证据；同时还应当找出诸如乙方言区曾有大量移民进入甲方言区的外部证据"（沈榕秋，1994）。这样以定性方法确定定量数据，保证所研究数据的准确真实后，我们才有可能从诸多数据组中获得客观规律，发现其发展变化的趋势。

数量分析的结果是数字和图形，我们可以根据这些数字和图形做出结论。有了方言特征的相关数据组后，我们借助微软系统的 EXCEL 来将所得数据进行拟合，获得系列数据的散点图，在散点图的基础上添加趋势线，即可获得相关数据组的变化趋势。

散点图可以用来表示因变量随自变量而变化的大致趋势，据此可以选择合适的函数对数据点进行拟合。用两组数据构成多个坐标点，考察坐标点的分布，判断两变量之间是否存在某种关联或总结坐标点的分布模式。

散点图将序列显示为一组点，值由点在图表中的位置表示，类别由图表中的不同标记表示。散点图通常用于比较跨类别的聚合数据。因此，散点图比较适合用于多个方言的特征数据组的聚合。散点图拟合完成后，坐标图会显示诸多特征点。这时候，我们借助散点图的趋势线，就能很直观地看出散点图分布趋势。用于多个方言的特征比较，就能看出方言之间的过渡性特征。

利用数据拟合解决问题，首先要用 EXCEL 做出数据的散点图，然后通过观察散点趋势选用适当的模型进行拟合。结合我国人口变化的数据，以下演示拟合散点趋势图的具体制作方法：

① 在 EXCLE 工作表中输入调研的数据，再将数据分别与纵横坐标匹配，例如：

1959—2012 年我国人口变化抽样调查数据

x（年份）	1959	1964	1969	1974	1979	1984	1989	1994	1999	2004	2008	2010	2012
y（人口数）	672	705	807	909	975	1044	1127	1200	1258	1300	1328	1341	1353

② 选中上表全部数据，点击"插入"，选择"图表"，得到以下图形：

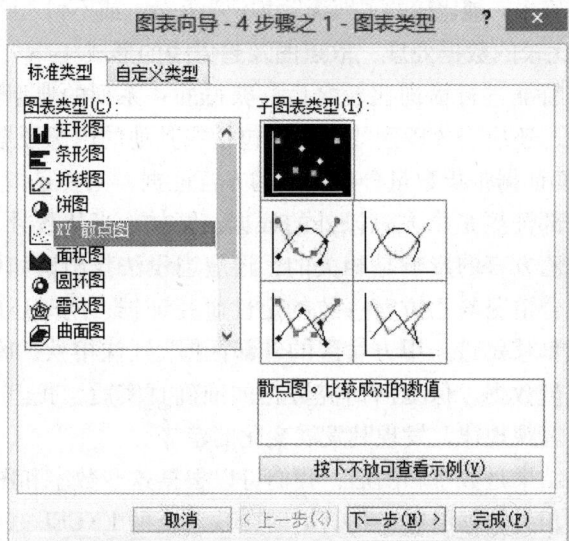

③ 选择"xy 散点图"，点击"下一步"确认，进入"数据区域"：

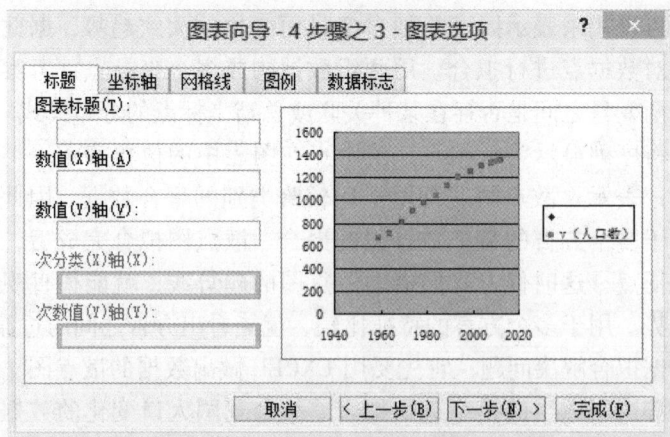

④ 分别填写"数据区域"的"标题"等项目内容，然后进入"图表插入"：

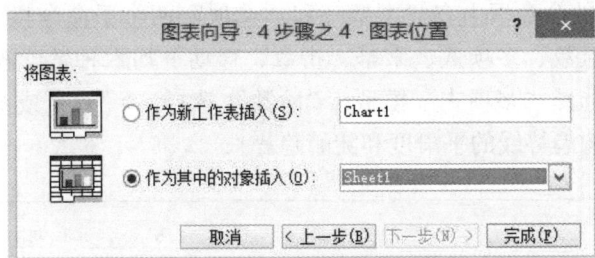

⑤ 点击"完成"即可获得相关数据的拟合散点图：

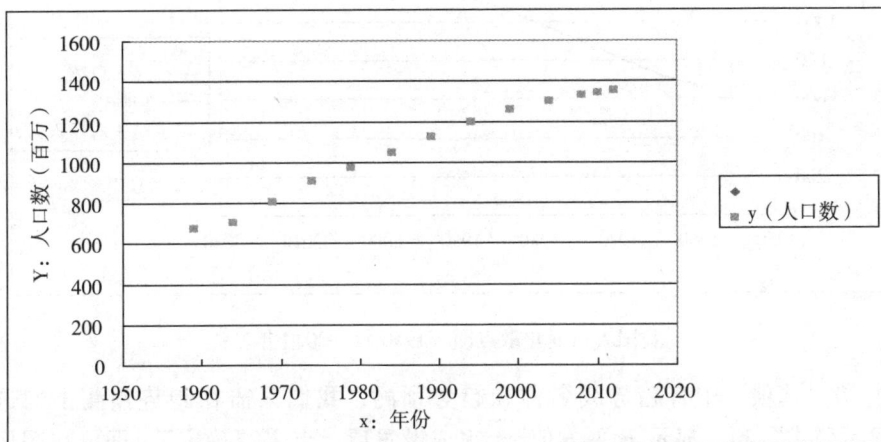

我国人口变化散点图（1950 年—2020 年）

⑥ 鼠标点击图像中任何一个散点后单击右键，在弹出的命令栏中点击"添加趋势线"：

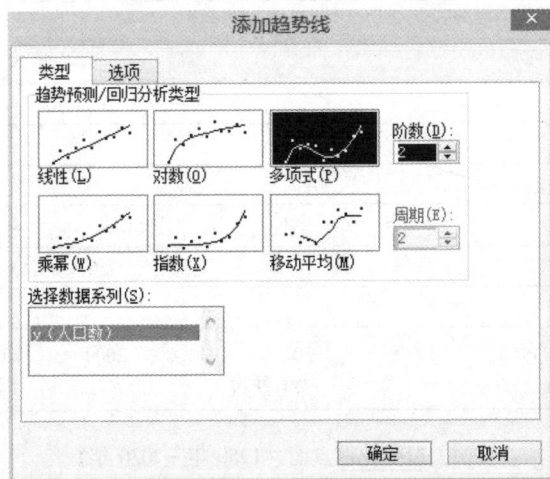

⑦ 在弹出的命令框中有"类型"和"选项"两个子命令栏,"类型"中提供了线性、对数、多项式、乘幂、指数、移动平均六种数学模型,可供择优选用,本例选择"多项式"模型,"阶数"选择"5"(4 或 6 都可以,阶数的不同会影响趋势线的平滑度和陡峭趋势):

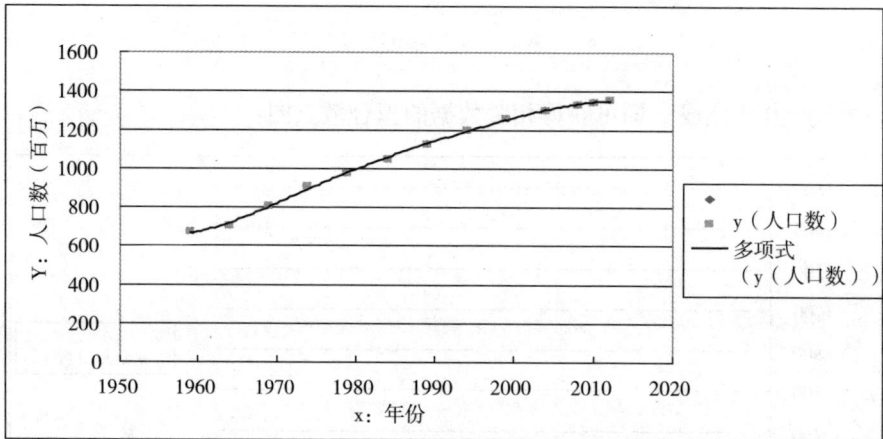

我国人口变化散点图(1950 年—2020 年)

⑧ "选项"中有趋势线名称和趋势预测,我们只需在趋势预测中勾选"显示公式"和"显示 R 平方值"。完成设置后,点击"确定",即可在图像框中出现趋势线,对应的函数表达式及"R 的平方值":

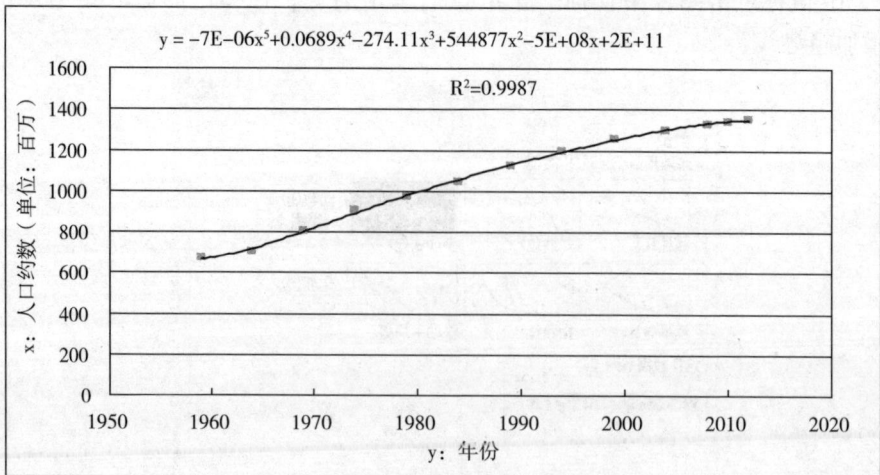

$$y = -7E-06x^5+0.0689x^4-274.11x^3+544877x^2-5E+08x+2E+11$$

$$R^2=0.9987$$

我国人口变化散点图(1950 年—2020 年)

上面的方程为回归方程，其中的"阶数"越大、显示的 R^2 值越接近1，则拟合效果越好。一般来说，"阶数"越大，R 平方值也会约接近于1，最后所得的趋势线也相应陡峭；反之，趋势线相对平滑些，接近被选数据散点也相应少一些精度。

数据拟合是通过数据来研究变量之间存在的相互关系，并给出近似的数学表达式的一种方法。用于数据的处理，它可以用于皖西南及周边方言的亲疏比较，其趋势图能让我们直观形象地看出方言混合型过渡特征。

二、皖西南20个核心方言词共时比较及混合性过渡特征

（一）20个方言核心词的考察项

袁家骅（2006）的"20个方言词汇对照表"中所列方言词，从以下几个方面考察基本核心方言词：

动物雌雄和幼龄的名称　　（1）公牛（2）母牛（3）公猪（4）母猪（5）公狗（6）母狗（7）公鸡（8）母鸡　　（9）小鸡儿。

显示单音词和复音词的相互转化　　（10）翅膀儿。

比较新旧词形的演变　　（11）萤火虫（12）秋千（13）电影儿。

常用的单音词　　（14）欠/该（15）迈（步）（16）蹲（17）稠/糨。

第三人称单复数和领属格式　　（18）他　　（19）他们　　（20）他的。

（二）皖西南方言及南昌话核心词的共时相似度比较

"皖西南方言及南昌话基本核心词"的共时比较，蕴含了皖西南和南昌方言最核心词的基本面貌：

① 雌、雄、幼龄动物名称。动物的雌雄性别，大多数皖西南方言的表达和北方话一致，都是在动物名称前面加上性别词，如"牯""牸""伢""草"等（家禽类动物性别的表达，太湖、望江及宿松三个县的表达接近于赣方言）；而南昌话总是将表示雌雄的"牯（公）、婆"附加在动物名称的后面。皖西南方言在动物名称前加"小"，表幼龄（宿松方言在"鸡"的后面加"儿"表幼龄）；南昌赣方言将"崽儿"附加在动物名称后，表幼龄。

② 单复音相互转化。此项关于"翅膀儿"的说法，皖西南的石牌、岳西、太湖及宿松等地均使用"胳胝"的说法，类似南昌赣方言。

③ 新旧词形的演变。"电影儿"和"秋千"这两个词，在普通百姓看来，是个新词，加之受共同语的影响，皖西南方言和南昌方言的表达基本相同（岳西称"秋千"为"刷悠悠"除外）。"萤火虫"不但皖西南和南昌话表达不同，皖西南方言内部各市县的表达也有一定的区别。这种区别"牵涉到构词原料和构词方法两个方面"（袁家骅，2006）。

④ 常用单音词。四个常用单音词考察项里，"蹲"和"稠"在各地的表达区别较大：皖西南方言里，除太湖、望江及宿松三县方言和南昌话表达一致，均采用"跍"，其余各市县均采用北方话里的"蹲"；"稠"在皖西南方言里的说法基本一致，都是舒声，而南昌话用"□tɕʰit₂"这样一个阳入词来表达。"蹲"在西南官话（四川）、江淮官话（鄂东的黄孝片）及赣语里本字为"跍"，它应该是赣语承传词，黄孝片及西南官话出现很可能是湖广填四川的江西移民运动所致（此次移民，拙作别处有详细介绍，此处从略）。皖西南方言体现的是从"蹲"向"跍"的过渡，实际上体现了江淮官话与赣方言的过渡。

⑤ 第三人称单复数和领属格式。皖西南方言和南昌话基本上是以"佢"来表达第三人称单数。此项考察内容里，要数第三人称的领属格式区别最大，皖西南方言和南昌方言分别用"的"和"个"表领属。

（三）皖西南方言及南昌话基本核心词比较

先列出皖西南各市县方言与南昌方言基本核心词比较表，具体内容见"皖西南方言与南昌话基本核心词比较表"。为能更直观地从核心词角度理解皖西南各县市方言的过渡性特征，以下我们分别考察皖西南各市县方言与安庆市区方言核心词的相似度，皖西南各市县方言与南昌方言核心词的相似度①。

---

① 表格中的 A 和 B 分别表示各市县方言核心词与安庆市区方言和南昌话的相似度比较。"＋"计1分，"◇"计0.25分，"○"计0.5分，"△"计0.75分，"－"计0分。

皖西南方言与南昌话基本核心词比较表①

地名＼核心词	安庆市区	桐城市	枞阳县	怀宁高河	怀宁石牌	潜山县	岳西县	太湖县	望江县	宿松县	南昌市
公牛	牯牛	牯牛	牯牛	牯牛	牯牛	牯牛	牯牛	牯牛	牯牛	牯牛	牛牯
母牛	牸牛	牸牛	牸牛	牸牛	牸牛	牸牛	牸牛	牸牛	草牛	牸牛	牛婆
公猪	牯猪/豽猪	牯猪/豽猪	犍猪/豽猪	牯猪/豽猪	牯猪/豽猪	牯猪/豽猪	牯猪/种猪	牯猪/豽猪	牯猪/豽猪	牯猪/豽猪	猪牯
母猪	雌猪/老母猪	雌猪/老母猪	雌猪/老母猪	雌猪/老母猪	母猪/老母猪	雌猪/老母猪	草猪/老母猪	雌猪/猪娘	雌猪/猪娘	雌猪/猪娘	猪婆
公狗	豽狗	豽狗	儿狗	豽狗	豽狗	豽狗	犍狗	犍狗	牯狗	犍狗	狗公
母狗	草狗	草狗	草狗	草狗	草狗	草狗	草狗	草狗	草狗/狗娘	草狗	狗婆
公鸡	公鸡	公鸡	公鸡	公鸡	公鸡	公鸡	公鸡	鸡公	鸡公	鸡公	样鸡/鸡公
母鸡	母鸡	母鸡	母鸡	母鸡	母鸡	母鸡	母鸡	鸡母	鸡母	鸡母	鸡婆

① 因为例13的"电影儿"在皖西南各市县及南昌完全相同，都说成"电影"，所以表格中没有显示，但不影响计量研究时的计分。表格中各县市方言均不列入书面语或者文读音。杨小平（2010：96）考证"豽"，即"豠"，也读作"豠"。考证"牸"在孝感方言中读作"牯"。左林霞（1998：83）考证"牸"的本字是"牯"。

（续表）

核心词＼地名	安庆市区	桐城市	枞阳县	怀宁·高河	怀宁·石牌	潜山县	岳西县	太湖县	望江县	宿松县	南昌市
小鸡儿	小鸡	小鸡	小鸡	小鸡	小鸡	小鸡	小鸡	小鸡	小鸡	鸡儿	鸡崽子
翅膀儿	膀子	膀子	膀子	膀子	腋胛膀	膀子	腋胛膀	腋胛膀	膀子	腋胛（膀）	腋膀
萤火虫	火萤虫	萤火虫	火萤虫	火萤虫	萤火虫	火萤虫	亮火虫	火萤虫	火萤虫	火萤虫	夜火虫
秋千	秋千	秋千	秋千	秋千	秋千	秋千	刷悠悠	秋千	秋千	秋千	秋千
天	该/差	该/差	该/差	该/差	该/天	该/差	该/天	该/天	该	该	该
迈/跨	胯 ⊂k^hA	胯 ⊂k^hA	胯 ⊂k^hA	胯 ⊂k^hA	胯 ⊂k^hA	胯 ⊂k^hA	胯 ⊂k^hA	胯 ⊂k^hA	胯 ⊂k'A	胯 ⊂k'A	胯 ⊂k'a
蹲	蹲	蹲	蹲	蹲	蹲	蹲	蹲	跍 ⊂k^hu	跍 ⊂k'u	跍 ⊂k'u	跍 ⊂k'u
稠	溶 ⊂in	溶 ⊂in	溶 ⊂in	溶 ⊂in	稠	溶 ⊂in	溶 ⊂in	溶 ⊂in	溶 ⊂in	溶 ⊂in	□ ⊂t ɕ'it⊃
他	佢 ⊂xe/他	佢 ⊂xe/他	他 ⊂xe	佢 ⊂xe	佢 ⊂xe	佢 ⊂k^hie	佢 ⊂k^hie	佢 ⊂k^hie	佢 ⊂k^hie	佢 ⊂k^hie	佢 ⊂t ɕ'ie
他们	佢儿/他儿	佢儿/他儿	他儿	佢儿	佢儿	佢儿	佢儿	佢儿	佢儿	佢儿	佢□ ⊂t ɕ'ie tu ŋ
他的	佢的/他的	佢的/他的	他的	佢的	佢的	佢的	佢的	佢的	佢的	佢的	佢个 ⊂t ɕ'ie ko⊃

方言点核心词异同		安庆市区	桐城市	枞阳县	怀宁高河	怀宁石牌	潜山县	岳西县	望江县	太湖县	宿松县
公牛	A	+	+	+	+	+	+	+	+	+	+
	B	0	0	0	0	0	0	0	0	0	0
母牛	A	+	+	+	+	+	+	+	0	+	+
	B	◇	◇	◇	◇	◇	◇	◇	◇	◇	◇
公猪	A	+	+	+	+	+	+	+	+	+	+
	B	0	0	0	0	0	0	0	0	0	0
母猪	A	+	+	+	+	+	Δ	+	Δ	Δ	Δ
	B	◇	◇	◇	◇	◇	◇	◇	◇	◇	◇
公狗	A	+	+	0	+	+	+	0	0	0	0
	B	◇	◇	◇	◇	◇	◇	◇	◇	◇	◇
母狗	A	+	+	+	+	+	+	+	+	Δ	+
	B	◇	◇	◇	◇	◇	◇	◇	0	◇	◇
公鸡	A	+	+	+	+	+	+	+	0	0	0
	B	◇	◇	◇	◇	◇	◇	◇	Δ	Δ	Δ
母鸡	A	+	+	+	+	+	+	+	0	0	0
	B	◇	◇	◇	◇	◇	◇	◇	0	0	0
小鸡儿	A	+	+	+	+	+	+	+	+	+	Δ
	B	◇	◇	◇	◇	◇	◇	◇	◇	◇	0
翅膀儿	A	+	+	+	+	◇	+	◇	+	◇	◇
	B	◇	◇	◇	◇	Δ	◇	Δ	◇	Δ	Δ
萤火虫	A	+	Δ	+	+	Δ	+	0	Δ	Δ	Δ
	B	0	Δ	0	0	Δ	0	Δ	Δ	Δ	Δ
秋千	A	+	+	+	+	+	+	−	+	+	+
	B	+	+	+	+	+	+	−	+	+	+
电影儿	A	+	+	+	+	+	+	+	+	+	+
	B	+	+	+	+	+	+	+	+	+	+
欠/该	A	+	+	+	+	0	+	0	0	0	0
	B	0	0	0	0	0	0	0	0	0	0

（续表）

方言点 核心词异同		安庆市区	桐城市	枞阳县	怀宁高河	怀宁石牌	潜山县	岳西县	望江县	太湖县	宿松县	
迈/跨	A	+	+	+	+	+	+	+	+	+	+
	B	+	+	+	+	+	+	+	+	+	+
蹲	A	+	+	+	+	+	+	−	−	−	−
	B	−	−	−	−	−	−	+	+	+	+
稠，糯	A	+	+	+	+	+	+	+	+	+	+
	B	−	−	−	−	−	−	−	−	−	−
他	A	+	+	0	0	0	0	0	0	0	0
	B	0	0	0	+	+	+	+	+	+	+
他们	A	+	+	0	0	0	0	0	0	0	0
	B	◇	◇	0	0	0	0	0	0	0	0
他的	A	+	+	0	0	0	0	0	0	0	0
	B	◇	◇	0	0	0	0	0	0	0	0

（四）皖西南及周边方言核心词相似度的计分统计

方言点 共时相似度比较		安庆市区	桐城市	枞阳县	怀宁高河	怀宁石牌	潜山县	岳西县	望江县	太湖县	宿松县
A	+的数目	20	19	16	17	13	17	10	9	8	8
	△的数目	0	1	0	0	2	0	1	2	3	1
	○的数目	0	0	4	3	4	3	6	8	7	7
	◇的数目	0	0	0	0	1	0	1	0	1	1
	-的数目	0	0	0	0	0	0	2	1	1	1
	相似度计分	20	19.8	18	18.5	16.8	18.5	14	14.5	14	12.5
	相似度（百分比）	100	99	90	92.5	84	92.5	70	72.5	70	62.5
B	+的数目	3	3	3	4	4	4	4	5	5	5
	△的数目	0	0	0	0	2	0	2	2	3	3
	○的数目	5	4	7	6	5	6	5	7	6	7
	◇的数目	10	11	8	8	7	8	7	5	5	4
	-的数目	2	2	2	2	2	2	2	1	1	1
	相似度计分	8	7.8	8.5	9	9.8	9	9.8	11.3	11.5	11.8
	相似度（百分比）	40	39	42.5	45	49	45	49	56.5	57.5	59

（五）皖西南及周边方言亲属称谓相似度图表

核心方言词相似度的本质是方言亲疏度的表达：相似度越高，亲缘关系越近；相似度越低，亲缘关系越远。因此，我们可以借助方言相似度的百分比来代表方言的亲疏度。将本章的 2.4 节中统计的皖西南各市县方言及南昌话核心方言词相似度分析数据放到二维坐标中：以 A 组相似度百分比数据，即皖西南各市县方言与安庆市区方言核心词的相似度为横坐标 X，再以 B 组相似度百分比数据，即以皖西南各市县方言与南昌话方言核心词的相似度为纵坐标，形成皖西南各市县及南昌话核心词横向相似度比较的二维坐标数据组：

X	100	99	90	92.5	84	92.5	70	72.5	70	62.5
Y	40	39	42.5	45	49	45	49	56.5	57.5	59

这两组数据的意义是：X 数值越大，表示与安庆市区方言相似度越大；Y 数值越大，表示与南昌方言的相似度越大。以下我们用 EXCEL 绘制出反映皖西南方言及南昌赣方言相似度比较的拟合散点图，以便我们更加直观地理解其趋势性：

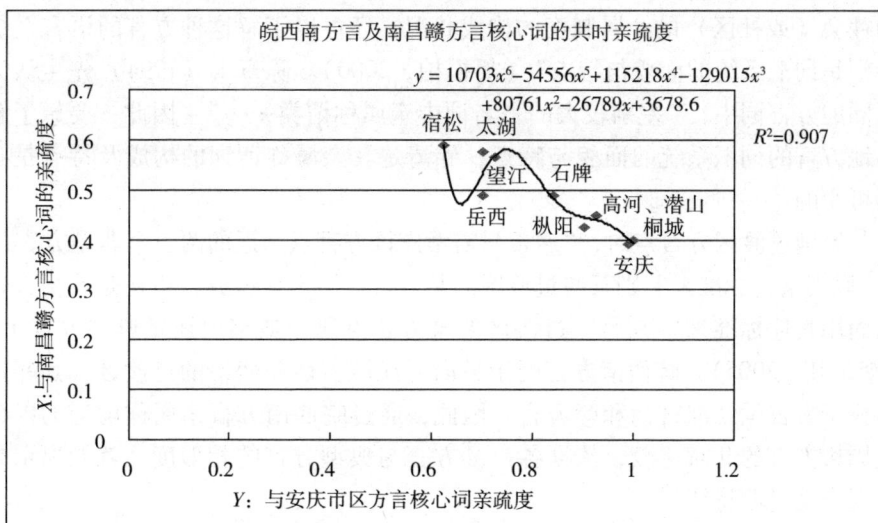

皖西南方言及南昌赣方言核心词的共时亲疏度

$y = 10703x^6 - 54556x^5 + 115218x^4 - 129015x^3 + 80761x^2 - 26789x + 3678.6$

$R^2 = 0.907$

（六）方言核心词的过渡性特征

"皖西南方言及南昌赣方言核心词相似度比较"的数据变化趋势图，很直观地体现了皖西南方言各市县核心方言词的混合性过渡特征：

① 从总体上看，皖西南各市县核心方言词兼具赣语和江淮官话的混合性特征，各市县方言和安庆市区方言的相似度都很高，与彭泽赣方言或黄梅江淮官话的相似度相对较低。

② 桐城、枞阳、怀宁的高河镇、潜山等市县方言与安庆市区方言的相似度较高，以桐城市为最高；其余各县方言与安庆市区方言的相似度相对较低，以宿松方言最低。相比较而言，岳西、望江、太湖、潜山、宿松等县方言与南昌话的相似度较高，以宿松县为最高；其余各县方言与南昌话的相似度相对较低，以桐城市和安庆市区方言为最低。

③ "宿松→太湖→望江→岳西→石牌（怀宁）→潜山、高河（怀宁）→枞阳→安庆市区→桐城"是南昌赣方言向桐城江淮官话过渡的轨迹；反之，则是安庆三县市江淮官话向赣方言过渡的轨迹。

第二节　亲属称谓词的混合性过渡特征及其文化内涵

一、引言

亲属称谓词是"人们用来标识亲缘关系的词语"（曹炜，2003），它会因时代不同、地域不同或者血缘姻亲关系的不同而有所区别，呈现出各自方言亲属称谓的构词特征。"考察方言中的亲属称谓，不仅可以了解使用这种方言的社会（或社区）的亲属制度的构成状况，还可以了解这种方言的语言系统特别是词汇系统的面貌与特点"（胡松柏，2000）。陈章太（1994）先生认为不同的方言词中，"差别较大的是名词中亲属称谓类……"。因此，要想了解某地方言的词汇系统的面貌与特点，弄清楚其亲属称谓词的构成及特点是必不可少的。

鉴别过渡区方言点时，"通常只需考虑该方言点邻近的两三个典型方言"，"可以用某些标准来鉴别某些过渡区的某方言点属于典型方言甲还是典型方言乙而用其他标准来鉴别另一过渡区的某方言点属于典型丙还是典型方言丁"（李小凡，2005）。皖西南方言处于吴语、江淮官话和赣语的过渡区，其邻近的典型方言是江淮官话和赣方言。因此，通过皖西南方言亲属称谓词的内部及周边方言的共时比较，依据各市县方言与典型方言的相似度，就能揭示它的混合型过渡特征。

二、以"我"为中心的皖西南主要亲属称谓

传统非泛化的亲属称谓可分为父系和母系。除个别亲属称谓外，这两个系别呈互补分布状态。中国传统长期以父子关系为亲属关系核心的思想，使

父系成为亲属称谓的主体。以下列举男性"我"为中心的皖西南主要亲属称谓①：

以"我"为中心的皖西南主要亲属称谓列表

和普通话对应亲属关系	父系相关称谓		母系相关称谓	
	男	女	男	女
（堂）祖辈	爹爹	奶奶		
干亲旁系姻亲祖辈②	亲（干）爹爹	亲（干）奶奶	亲（干）爹爹	亲（干）奶奶
外（堂）祖辈	—	—	家公	家婆
（姑/舅/姨）祖辈	（姑/舅/姨）爹爹	（姑/舅/姨）奶奶	—	—
（姑/舅/姨）外祖	—	—	（姑/舅/姨）家公	（姑/舅/姨）家婆
父母	伯伯/爷爷/父/大③	妈妈/娘/姆妈	—	—
岳父母	—	—	外父/丈老子	外母/丈母娘
叔伯婶	爷/大/佬④，父/大伯	娘/婶娘，大妈妈	—	—
表叔伯婶	—	—	表爷	表娘
旁系姻亲叔婶⑤	亲（/干）爷	亲（/干）娘	亲（/干）爷	亲（/干）娘
姑父母	姑爷/姑大	姑/姑姑		
舅父母	—	—	母舅/母	舅娘/舅
姨父母	—	—	姨夫/姨父/姨爹/姨大	姨/姨娘

---

　　① 不标记书面语亲属称谓；不分别标识面称和背称；除（岳）父母及"亲（干）爹（奶）等"外，其余称谓均可排序，如"大爹爹、二爹爹"等等；"大伯（伯）"只适用于最年长的父兄，其余一律排序称"爷""佬"或"大"等。

　　② 称呼姑（姨）父的父母亲或叔伯的岳父母为"亲爹爹、亲奶奶"。

　　③ 应记作"爹"，但为表格书写方便，除"大爹"表"大伯"外，一律记作"大"（下文同），读作 $_c$ta。

　　④ 陈章太、李行健（1996）标记为"老"。

　　⑤ 称呼孩子的干爸（妈）、兄弟的岳父（母）或姐妹的公公（婆婆）为"亲爷（娘）"。

（续表）

和普通话对应亲属关系	父系相关称谓		母系相关称谓	
	男	女	男	女
夫妻	老爹/我家的/老板/你伯伯	我家的/奶奶/老婆/堂客/烧锅的/你妈妈	—	—
（堂）兄弟姐妹	哥哥，兄弟/弟弟	姐姐，妹/妹妹	—	—
表兄弟姐妹	老表/哥哥，名字	姐姐，名字	老表/哥哥，名字	姐姐，名字
子（妻）女（婿）	伢/名字，女婿/姑爷	媳妇，名字	—	—
（外）侄子女	（外）侄子/名字	（外）侄女/名字	姨侄/外甥，名字	姨侄女/外甥女，名字

三、主要亲属称谓的共时比较及其混合性过渡特征

"以'我'为中心的皖西南亲属称谓"中，各个称谓词在皖西南各市县中的分布并不是均匀统一的，表格中有的称谓有好几个列项，是各地称谓的并列。想要了解皖西南亲属称谓的共时特点及过渡性特征，必须将各市县及周边典型方言的亲属称谓词进行内外共时比较。皖西南及周边的内部比较选取安庆市区方言为参照，外部比较选取江淮官话黄孝片的湖北黄梅话和赣方言的江西彭泽话作为参照。共时比较时，赣方言点之所以选取彭泽话而不是南昌话，不仅因为彭泽和皖西南地理位置邻近，更重要的是因为"南昌话的亲属称谓似乎更接近下江官话"（袁家骅，2006）。

首先，我们将"皖西南及周边方言主要亲属称谓词"进行共时比较，以体现皖西南及周边方言亲属称谓词的基本面貌。

（一）皖西南及周边方言主要亲属称谓词的共时比较

皖西南各市县及周边方言主要亲属称谓词的共时比较表

方言\称谓	安庆市区	桐城市	枞阳县	怀宁高河	怀宁石牌	潜山县	岳西县	太湖县	望江县	宿松县	湖北黄梅	江西彭泽
祖父	爹爹	爹爹	爹爹	爹爹	爹爹	爹爹	爹	爹爹	爹爹	爹爹	爹爹爷爷	公公爹爹

（续表）

方言称谓	安庆市区	桐城市	枞阳县	怀宁高河	怀宁石牌	潜山县	岳西县	太湖县	望江县	宿松县	湖北黄梅	江西彭泽
祖母	奶奶	奶奶	奶奶	奶奶	奶奶	奶奶	奶	奶奶	奶奶	奶奶	婆婆	婆婆
父亲	伯伯	伯伯老子爸爸	伯伯大大	伯伯爷	伯伯爷大	伯伯爷大大	父大	大	大大	父/伯大/爹爹	爷老子大	爷爹爹
母亲	妈妈	妈妈	妈妈	妈妈	妈妈	妈妈	妈	妈妈易	妈妈	姆妈易	姆妈易	娘姆妈
叔/伯	佬大伯伯	椒椒大伯伯	椒椒爷爷大伯	爷大爷大伯伯	佬爷爷伯	爷爷大爷大伯	大大父大伯	爷大伯伯	大的大伯	爷爷的伯伯	叔爷细父伯伯	爷父大爹
婶/伯母	娘大妈妈	婶/娘/大妈	娘/大妈妈	娘大妈妈	娘娘娘妈	娘娘大妈	妈小妈大妈	娘大嫲	的嫲嫲	娘娘的妈大妈	娘细娘伯伯	娘大姆妈
丈夫	老爹老板当家的	老爹我家的	老爹我家的	老爹我家的	老板老爹我家的	老爹我家的	男人我家的	老板我家的	男人我家的	老爹外头人先生家的	老爹我家的	郎哥哥
妻子	奶奶烧锅的	奶奶烧锅的	奶奶烧锅的家里	奶奶烧锅的	奶奶烧锅的堂客	奶奶堂客烧锅的	奶奶烧锅的	堂客奶奶烧锅的	堂客马马家的	堂客马马我家	奶奶烧锅的	堂客马马马儿
外公	家公	家公	家公	家公	家公	家公	家公	家公	家公	家公	家公家爹	家公
外婆	家婆	家婆	家婆	家婆	家婆	家婆	家婆	家婆	家婆	家婆	家婆家家	家婆
舅父	母舅	母舅	母舅母	母舅母	母舅	母舅母	母舅母	母舅母	舅大	母母母舅	舅爷舅爹	母母母舅

（续表）

方言 称 谓	安庆 市区	桐城 市	枞阳 县	怀宁 高河	怀宁 石牌	潜山 县	岳西 县	太湖 县	望江 县	宿松 县	湖北 黄梅	江西 彭泽
舅母	舅娘	舅娘	舅妈	舅娘	舅娘 舅妈	舅娘	舅娘	舅娘	舅娘	舅母 娘/ 舅娘	舅母 娘/ 舅娘	舅母
姨父	姨夫	姨夫	姨夫	姨夫	姨父	姨父 姨爹	姨爹	姨老爹	姨大	姨父	姨爹 姨父	姨爹
姨母	姨	姨	姨	姨	姨	姨	姨	姨	姨娘	姨娘	姨儿 姨娘	姨娘
干亲 父母	亲爷 亲娘	亲爷 亲娘	干爷 干娘	亲爷 亲娘	亲爷 亲娘	亲爷 亲娘	干爷 干娘	亲爷 亲娘	亲爷 亲娘	亲爷 亲娘	亲爷 亲娘	亲爷 亲娘
老表	老表	老表	老表	老表	老表	老表	老表	老表	老表	老表	老表	老表

（二）皖西南各市县及周边方言亲属称谓的共时相似度比较

"皖西南及周边方言主要亲属称谓词"的共时比较，蕴含了皖西南及周边方言亲属称谓词的基本面貌。为了直观地理解其过渡性特征，我们来考察皖西南各市县方言与安庆市区方言、黄梅话及彭泽话的相似度。

皖西南各市县及周边方言亲属称谓词的相似度比较表①

方言点 称谓 和异同		安庆 市区	桐城 市	枞阳 县	怀宁 高河	怀宁 石牌	潜山 县	岳西 县	望江 县	太湖 县	宿松县
祖父	A₁	○	○	○	○	○	○	○	○	○	○
	A₂	○	○	○	○	○	○	○	○	○	○
	B	+	+	+	+	+	+	+	+	+	+

① 表格中 A_1、A_2、B 分别表示皖西南各市县与黄梅、彭泽、安庆市区的亲属称谓词比较的相似度。以"+"表完全相同、计1分，"○"表部分相同计0.5分，"－"表完全不同，计0分（由于篇幅关系，不写明比较时的计分规则）。表格中"老表"有"表亲兄弟姐妹"和"老乡"两个义项，前五个市县的"老表"只有第一个义项。

（续表）

方言点 称谓和异同		安庆市区	桐城市	枞阳县	怀宁高河	怀宁石牌	潜山县	岳西县	望江县	太湖县	宿松县	
祖母	A₁	–	–	–	–	–	–	–	–	–	–	–
	A₂	–	–	–	–	–	–	–	–	–	–	–
	B	+	+	+	+	+	+	+	+	+	+	+
父亲	A₁	–	–	○	○	○	○	○	○	○	○	+
	A₂	–	–	–	○	○	○	○				+
	B	+	+	○	○	○	○	–	–	–	–	
母亲	A₁	–	–	–	–	–	–	–	○	–		+
	A₂	–	–	–	–	–	–	–	–	–		○
	B	+	+	+	+	+	+	+	○	+	–	
叔/伯	A₁	○	○	○	○	○	○	○	○	○	○	○
	A₂	–	–	○	○	○	○	○	○	○	○	○
	B	+	○	○	○	○	○	○	○	○	○	○
婶/伯母	A₁	–	–	–	–	–	–	–	–	–	–	–
	A₂	○	○	○	○	○	○	–	○	–	○	
	B	+	+	+	+	+	○	○	○	–	○	
丈夫	A₁	+	+	+	+	+	+	○	○	○	○	
	A₂	–	–	–	–	–	–	–	–	+	+	
	B	+	+	+	+	○	+	○	○	○	○	
妻子	A₁	+	+	+	+	+	○	+	○	○	○	
	A₂	–	–	–	–	○	○	–	–	–		
	B	+	+	+	+	○	○	+	○	○	–	
外公	A₁	○	○	○	○	○	○	○	○	○	○	○
	A₂	+	+	+	+	+	+	+	+	+	+	+
	B	+	+	+	+	+	+	+	+	+	+	+
外婆	A₁	○	○	○	○	○	○	○	○	○	○	○
	A₂	+	+	+	+	+	+	+	+	+	+	+
	B	+	+	+	+	+	+	+	+	+	+	+

（续表）

方言点 称谓和异同		安庆市区	桐城市	枞阳县	怀宁高河	怀宁石牌	潜山县	岳西县	望江县	太湖县	宿松县	
舅舅	A₁	–	–	–	–	–	–	–	–	–	–	–
	A₂	○	○	○	○	○	○	○	○	○	–	+
	B	+	+	+	+	+	+	+	+	+	–	–
舅母	A₁	○	○	–	○	○	○	○	○	○	○	○
	A₂	–	–	–	–	–	–	–	–	–	○	○
	B	+	+	○	+	○	+	+	+	+	+	○
姨父	A₁	–	–	–	–	○	○	○	○	○	○	○
	A₂	–	–	–	–	–	–	+	○	–	–	–
	B	+	+	+	+	○	○	–	–	○		○
姨母	A₁	–	–	–	–	–	–	–	–	–	○	○
	A₂	○	○	○	○	○	○	○	○	○	○	+
	B	+	+	+	+	+	○	+	○	+	○	
干亲父母	A₁	○	○	○	○	○	○	○	○	○	○	○
	A₂	○	○	○	○	○	○	○	○	○	+	+
	B	+	+	+	+	+	+	+	+	+		
老表	A₁	○	○	○	○	○	+	+	+	+	+	+
	A₂	–	–	–	–	–	○	○	○	○	○	○
	B	+	+	+	+	+	○	○	○	○	○	○

（三）皖西南及周边方言亲属称谓相似度的计分统计

方言点 共时相似度比较		安庆市区	桐城市	枞阳县	怀宁高河	怀宁石牌	潜山县	岳西县	望江县	太湖县	宿松县
A₁	+的数目	3	2	2	2	2	1	2	1	1	3
	○的数目	6	7	7	9	9	11	9	11	11	10
	-的数目	7	7	7	5	5	4	5	4	4	3
A₂	+的数目	2	2	2	2	3	3	3	2	4	7
	○的数目	5	5	6	7	7	8	6	9	5	4
	-的数目	9	9	8	7	6	5	7	5	6	5

（续表）

	方言点 共时相似度比较	安庆市区	桐城市	枞阳县	怀宁高河	怀宁石牌	潜山县	岳西县	望江县	太湖县	宿松县
B	+的数目	16	15	14	14	12	9	11	9	6	4
	○的数目	0	1	2	2	6	7	3	6	6	8
	-的数目	0	0	0	0	0	0	2	2	4	4

（四）皖西南及周边方言亲属称谓相似度统计

亲属称谓词的相似度本质是方言的亲疏度的表达：相似度越高，亲缘关系越近；相似度越低，亲缘关系越远。因此，我们可以借助方言相似度的百分比来代表方言的亲疏度。方言相似度百分比的计算方法：16 个被考察亲属称谓词完全相同计 16 分，完全不同计 0 分，再根据亲属称谓词相似度计分占比计算出亲疏度（如安庆市区的 A_1 的相似度分值为 $3+6×0.5=6$，其亲疏百分比为 $6/16=37.5\%$）。以下列出皖西南及周边方言亲属称谓词亲疏度的共时比较数据：

皖西南各市县及周边方言亲属称谓词的共时相似度比较数据

	方言点 共时亲疏比较	安庆市区	桐城市	枞阳县	怀宁高河	怀宁石牌	潜山县	岳西县	望江县	太湖县	宿松县
A_1	相似度分值	6	5.5	5.5	6.5	6.5	6.5	6.5	6.5	6.5	8
	相似度百分比（%）	37.5	34.4	34.4	40.6	40.6	40.6	40.6	40.6	40.6	50
A_2	相似度分值	4.5	4.5	5	5.5	6.5	7	6.5	6.5	6.5	9
	相似度百分比（%）	28.1	28.1	31.2	34.4	40.6	44.4	40.6	40.6	40.6	56.3
B	相似度分值	16	15.5	15	15	15	12.5	12.5	12	9	8
	相似度百分比（%）	100	96.9	93.8	93.8	93.8	78.1	78.1	75	56.3	50

（五）皖西南及周边方言亲属称谓相似度图表

将相似度统计数据分成两组，以 B 即皖西南各市县方言与安庆市区方言亲属称谓词的相似度为横坐标 X，再以 A_1、A_2 即皖西南各市县方言分别与黄梅、彭泽方言的亲属称谓词相似度为纵坐标 Y_1、Y_2：

X	100	96.9	93.8	93.8	93.8	78.1	78.1	75	56.3	50
Y_1	37.5	34.4	34.4	40.6	40.6	40.6	40.6	40.6	40.6	50
Y_2	28.1	28.1	31.2	34.4	40.6	44.4	40.6	40.6	40.6	56.3

这两组数据的意义是：X 数值越大，表示与安庆市区方言相似度越大；Y 数值越大，表示与黄梅（彭泽）方言相似度越大。以下我们用 EXCEL 绘制出反映皖西南及周边方言相似度比较的二维拟合散点图，以便我们更加直观地理解其趋势性①：

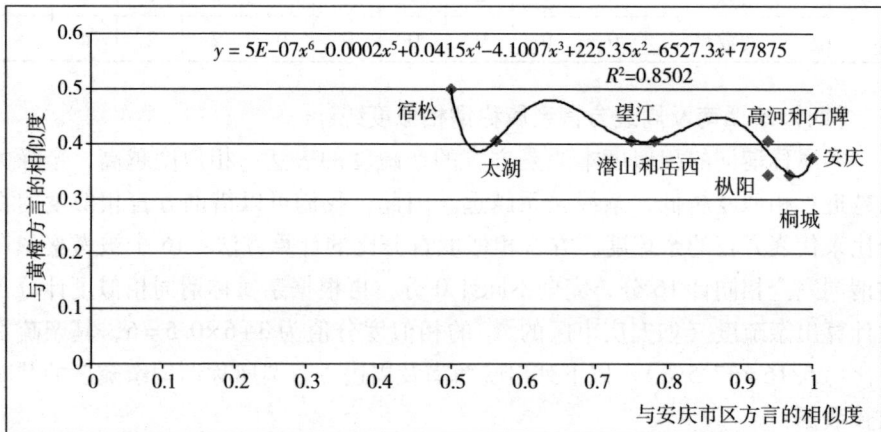

$$y = 5E{-}07x^6{-}0.0002x^5{+}0.0415x^4{-}4.1007x^3{+}225.35x^2{-}6527.3x{+}77875$$
$$R^2=0.8502$$

皖西南各市县及周边方言亲属称谓相似度比较的拟合散点趋势图 1

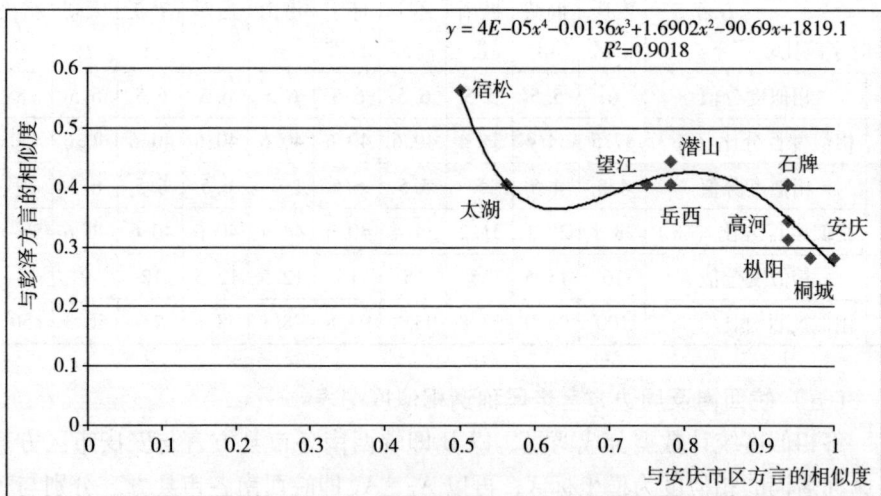

$$y = 4E{-}05x^4{-}0.0136x^3{+}1.6902x^2{-}90.69x{+}1819.1$$
$$R^2=0.9018$$

皖西南各市县及周边方言亲属称谓相似度比较的拟合散点趋势图 2

① 无限接近所提供数据组的拟合图，函数中 R^2 越大，就越接近所有数据点。

两张"皖西南及周边方言亲属称谓相似度比较的拟合散点趋势图",很直观清楚地体现了皖西南方言亲属称谓词的混合性过渡特征:

① 总体看,皖西南方言兼具赣语和江淮官话的混合性特征,各市县方言和安庆市区方言的相似度都很高,与彭泽赣方言或黄梅江淮官话的相似度相对较低。

② 桐城、枞阳、怀宁、潜山、岳西等市县方言与安庆市区方言的相似度较高,以桐城市为最高;其余各县方言与安庆市区方言的相似度相对稍低,以宿松方言最低。相比较而言,望江、太湖、潜山、宿松等县方言与彭泽话(黄梅话)相似度较高,以宿松县为最高;其余各市县方言与彭泽话(黄梅话)的相似度相对较低,其中以安庆市区方言为最低。

③ "宿松→太湖→望江→岳西→潜山→怀宁→枞阳→桐城→安庆市区"是黄梅话(江淮官话黄孝片)向安庆市区话过渡的轨迹,而"宿松→潜山→太湖→望江→岳西→石牌→高河→枞阳→桐城→安庆市区"是彭泽话向安庆市区话过渡的轨迹,这两条轨迹都清楚地表明了皖西南方言的混合性过渡特征。

(六)结论

皖西南三市县,即枞阳、桐城、安庆市区,分别与黄梅方言相比较,近似度均不足41%。这三市县的方言和鄂东黄梅方言同属江淮官话黄孝片(孙宜志,2006),但它们的相似度为何如此低呢?

分别将黄梅、枞阳、桐城及安庆市区与彭泽方言的亲属称谓词相比较,发现黄梅与彭泽的相似度分别为53%,而皖西南这三个市县与彭泽方言的相似度均不足30%。因此,相比较而言,皖西南这三市县的方言与黄梅方言的相似度要高于彭泽方言,黄梅方言与彭泽方言的相似度要高于安庆方言。这个共时相似度比较,以量化统计的形式印证了孙宜志(2006)关于安庆三市县"在'黄孝片与洪巢片交界地带',实际上是'黄孝片向洪巢片过渡的地带'"的观点。

总之,从方言亲属称谓词计量比较研究,我们论证出皖西南方言的混合性过渡特征,存在这样的过渡方式:巢湖方言(洪巢片)→安庆三县市(枞阳、桐城、安庆市区)方言→黄梅方言(黄孝片)→彭泽方言(赣方言)。皖西南其余六县(怀宁、潜山、岳西、望江、太湖、宿松)的方言应该在这个过渡带上,有的应归属江淮官话,有的应划归赣语。皖西南方言之所以会出现这样的混合性过渡特征,主要是因为邻近地缘的语言接触及历史移民(葛剑雄,1999)。

四、亲属称谓词的混合性特征

（一）语音特点

皖西南方言亲属称谓词在语音方面有很多共同的特点，主要体现在同音异指和语音变读两个方面：

1. 同音异指

同音异指是指称谓词的读音相同，而指称对象不同的现象，列举三例：

读　音	形义（1）	形义（2）
^{c}tsʅ　$_{\mathsf{c}}$mei	姊妹　姐妹	子妹　兄弟姐妹
$_{\mathsf{c}}$uɛ　sen	外甥　外甥	外孙　外孙
^{c}lɔ　$_{\mathsf{c}}$tʰɯ　tsʅ^{c}	老头子　父亲	老头子　老汉

读音"^{c}tsʅ　$_{\mathsf{c}}$mei"异指，是因为指称姐妹的"姊妹"的"姊"和指称兄弟姐妹"子妹"的"子"，二者读音相同的缘故[①]；"$_{\mathsf{c}}$uɛ　sen"异指"外孙"和"外甥"，是因为这两个亲属称谓词在皖西南方言里读音完全相同；"^{c}lɔ　$_{\mathsf{c}}$tʰɯ　tsʅ^{c}"异指"父亲"和"老汉"，是因它们共有"年老、男性"两个义素，语义引申的结果。

2. 语音变读

汉语的亲属称谓词，"一方面很保守，往往保留古音；另一方面又是创新的，在亲属称谓的结构中往往因类化和分化产生'变读'现象"（岩田·礼1995）。亲属称谓的变读是指"用变读一个音节的声母、韵母或声调的方式"，"构成两个不同的称谓词语的情况"（米青，1984）。亲属称谓词变读，津化（1990）、汪维辉（1991）万久富（2001）及岩田·礼（1995）等均早有论及，但都没有涉及皖西南方言。皖西南方言的亲属称谓词变读很丰富，均为词形相同的变读形式。

① 变调：通过改变亲属称谓词的声调，来表示不同的亲属称谓意义[②]，例如：

---

① 杨凯（2009）、李新莲（2011）认为"姊妹"往往包含男性在内的兄弟姐妹，后者认为这是男性异称现象。本人调研了当地人，应系作者记字或理解词义错误。

② 因为皖西南各地的具体调值会有所不同，所以表中标注声调时，用的四角法标注调类。

词　形	音义（1）	音义（2）
奶奶	꜀nai nai 祖母	꜀nai nai （年轻时的）妻子
老奶奶	ꜞlɔ ꜀nai nai 曾祖母	ꜞlɔ ꜞnai nai 老妇人
（小）妹	（ꜞɕiɔ）ꜞmei 妹妹	ꜞɕiɔ meiꜞ 小姑娘

② 轻重音：虽然轻声本质上也是变调，但因为有其对立的重音变读的存在，所以将此二者单独列出来。轻重音变读，能使同形亲属称谓产生不同的意义，举例如下：

词　形	音义（1）	音义（2）
老婆	ꜞlɔ ꜀pʰo 外曾祖母	ꜞlɔ pʰo（轻声） 妻子
老爹	ꜞlɔ ꜀tie 曾祖父	ꜞlɔ tie（轻声） 丈夫
我家的	ꜞŋʅ ꜀kʌ ti 老婆	ꜞŋʅ（重读）꜀kʌ ti 我家的人或物
（姑、婶、姨、舅）娘	꜀ɲiã 父母辈女性	ɲiã（轻声） 母亲对母辈女性的称谓
（小）爷	꜀ie 父辈男性称谓	ie（轻声）父母亲对父辈男性的称谓

从上面的亲属称谓变读看，语音变读不但可以"区分亲属称谓和非亲属称谓"（潘文、刘丹青，1994），而且还能形成被称对象的辈分或身份差异。

（二）词法特点

1. 词根方面

从亲属称谓词的词根看，主流称谓有属于父系的"爹（奶）、爷（娘）"和属于母系的"公（婆）、姨、舅"等为词根的构词方式，来表示亲属关系，如"爹（奶）"不但能和表亲属关系的"姑、姨、舅"等结合，形成"（姑、姨、舅）爹爹（奶奶）"，还能和序数词或"大、小"等词结合形成新的亲属称谓。

2. 词缀方面

词缀也是亲属称谓词的构词方式之一，如"老"和"亲"。"老"用在（外）祖辈的前面，表示更长一辈，如"老爹爹、老奶奶、老家公（简称老公）、老家婆（简称老婆）"分别表示"曾祖父、曾祖母、外曾祖父、外曾祖母"；"亲"用在父系亲属称谓前，表示非同胞关系，如"亲爹爹、亲奶奶、亲爷、亲娘、亲兄弟"等，分别表示非"祖父、祖母、父母叔婶、兄弟"的亲属称谓。

3. 词尾方面

用"伙些（几）"作词尾，表彼此间关系，如"郎舅伙些、爹孙伙些、夫妻伙些"分别表示"郎舅之间、爷孙之间、夫妻之间"的相互关系；用"些（几）"作词尾，表复数，如"（小）伢些（几）、老爹些（几）、奶奶些（几）"分别表示"（小）孩子们、男人们、女人们"①。

一般情况下，亲属称谓"加上前缀或后缀等标志之后，就词来说，词形和意义及使用对象均发生了变化，已不能算作严格意义上的亲属称谓"（潘文、刘丹青，1994）。但皖西南方言的亲属称谓加上词缀或词尾之后，只是改变了称谓对象的身份或辈分，不会变成非亲属或类亲属，仍是亲属称谓，因为皖西南方言里亲属称谓所使用词缀的附加意义，不仅能改变原称谓的意义，而且以原称谓为基础形成新的亲属称谓，如"爹爹（奶奶）+老→老爹爹"，其中"老爹爹"就是新的亲属称谓，表曾祖父。

（三）语用特点

1. 亲属称谓的泛化

亲属称谓泛化，指的是"用亲属称谓语称呼非亲属成员"的现象（潘攀，1998）。亲属称谓语用于非亲属对象上以亲密和尊敬为原则进行选择，即根据非亲属关系的亲近度来选择父系、母系、夫系或者妻系亲属称谓词，以显示对话过程中对于对方的尊重。皖西南亲属称谓的泛化很多都以"从他称"的形式来完成，因为"从他称"无论用于亲属还是非亲属，都能体现出当地人的亲密和热情。

引起亲属称谓泛化的主要原因是几千年传统家天下思想的影响。传统思想里，国是国君的家，家是家长的家。这种思想里，亲属称谓用于非亲属关系，不但能表达对受话方的"尊敬和恭顺之意，同时也表达了对对方慈爱或友惠的期待之情"。"社会称谓语的短缺和亲属称谓语的借用"也能引起亲属称谓泛化（潘攀，1998）。

2. 较普通话区分更加细致

皖西南亲属称谓词区分亲属关系要比普通话更加细致准确，很多普通话中没有体现出来的亲属关系，皖西南方言里都有专门的亲属称谓词来表达，例如称呼姑（姨）父的父母亲的"亲爹爹（奶奶）"，称呼兄弟姐妹的姻亲父

---

① "伙些（几）"和"些（几）"，分别是皖西南方言表彼此间关系和复数的主要形式，"伙几、伙姐"也可表彼此间关，"几"和"姐"是另外两个表复数的词尾。

母的"亲爷（娘）"等。

3. 形式多样

部分亲属称谓词呈现出多样化现象。父亲的称呼有"伯伯、爷、父、大"，母亲的称呼有"妈妈、姆妈、娘"，老公的称呼有"老爹、老板、你伯伯"，妻子的称呼有"奶奶、屋里的、我家的、烧锅的、堂客"等等。出现称谓词多样化的原因主要在于：受灵物崇拜和传统思想的影响而将父母改称，男尊女卑思想和社会现实使女性有多种称呼，历史移民使多种方言的亲属称谓混杂一处。

（四）混合性方言的过渡特点

因为亲属称谓是用方言来表达，皖西南处在南北方言过渡区，其亲属称谓词不可避免地呈现出过渡区方言特征：

1. 赣语、湘语的过渡

"'爷'字表'父亲'义是吴、湘、赣、客共有的现象"（苏新春，2000），"堂客"是湘语亲属称谓的方言特征词。因此，皖西南方言的亲属称谓词"爷"和"堂客"，有湘赣方言特色。

皖西南各地方言称呼舅舅为"母舅"或"母"，曹廷玉（2001）认为"母舅"是舅舅的背称（江西永修话舅舅的面称是"母"），是赣语方言特征词之一，"赣北九江及赣西北铜鼓的客家方言的类似称谓均为赣方言借用"。因此，皖西南方言的亲属称谓"母舅（或母）"，起初是借用赣语方言的。

储泽祥（2009）认为："称呼父亲的姐妹或母亲的兄弟姐妹所生的子女为'老表'，同时称呼和自己年龄辈分差不多的邻居熟人等为'老表'，第二种用法和江西'老表'一样。"

皖西南方言有赣语特征，主要原因是移民。葛剑雄（1999）认为，元末明初朱元璋和陈友谅在安庆的决战中，土著安庆人伤亡"十之八九"，"洪武二十四年，大约有20万饶州人迁往安庆"，元末明初到清嘉庆400多年的"'江西填湖广'运动让大量江西饶州人迁往安庆"。所以，现今安庆地区的方言很多方面有赣方言特征。

2. 南北方言的过渡

胡士云（1994）认为：爹用于祖称，较爷用于祖称晚，"爷"用于祖称都在北方，"爹"用于祖称都在南方。现代汉语方言中，用作父称的爷和用作祖称的爹分布在下江官话区和湘语区。岩田·礼（1995）也认为现在江淮方言多数点都称呼叔父为"爷"。因此，从"爹"用于祖称和"爷"用于（叔）父称看，皖西南方言亲属称谓有江淮官话特色。

（五）亲属称谓的民俗特点

1. 改称和贱称

"'伯'在上古只用于排行。'伯'是老大，'仲'是老二，'叔'是老三，'季'是老四……到了中古时代，才能单用'伯'来代表父辈"（王力，1980）。现代汉语里，"伯伯"一般用来称呼年长于父亲的父辈。皖西南方言称呼叔伯中最年长者为"大伯伯"，其余比父亲年长的也不称呼为"伯伯"，而是称之为"某（排序，下同）爷"或者"某大"。20世纪及此前，皖西南很多县市通行将父亲改为"伯伯"或"爷"，这种改称与社会经济、家庭结构、风俗习惯等因素密切相关。旧时因为经济水平低、医疗条件差，子女的生养成为人们赖以生存之大计，所以，安庆地区各市县都对亲属"改称"。"当地人普遍认为将子女托给弟弟或弟媳抚养，容易养活"（陈新文2009）。曹志耘先生（1997）认为改称现象往往是"父母和子女八字相克，或为了使子女易养等原因而改用其他称谓"，"浙江各地方言里的改称现象是十分丰富多样的"。

这种改称现象在很多方言里都有，休宁方言称自己的父亲为"阿爷""舅舅"或"叔叔"；贵州遵义将爸爸称为"伯伯（$_⊂$ pæ）"，而将叔叔称为"爸"（不重叠，前加排行，读$_⊂$pa）；"传统的登封人在孩子出生时会计算自己的生辰八字，如果自己或子女命相不好，就让子女称自己为'伯'或'叔'"（方少鹏，2011）；等等。杨军先生在遵义等地调研时发现当地通行另外一种改称，不少父母将他们家三个小孩分别称为老八、老九、老十，认为这样叫不但能显示出家庭人丁兴旺，而且灾祸不容易伤害到他们的孩子。无论哪里、无论何种方式的改称，大抵都是父辈试图通过这种"假过继""去厄运"等改称方式，达到自己的孩子能顺利成长的目的。

贱称和改称没有本质上的区别，只是称呼主体反转，往往是父母给子女取一个不雅的或身份地位比较低下的称谓，如贱称子女为"黄狗""铁蛋"等等，是希望子女能如其被称呼的名字一样，有旺盛的生命力；不分男女，贱称子女为"丫头""黑妹"，是因为当地人认为"……男孩子娇贵不容易养活，所以不仅仅在称呼上有所体现，现实生活中也有很多家长将男孩打扮成女孩模样，留长头发，穿裙子等"（储泽祥2009）。

2. 从他称

从他称是指依据他人的辈分来称呼别人的方式。除太湖和宿松两个县外，皖西南各市县（尤其是农村）这种称谓方式非常普遍。从他称的"他"一般辈分比较晚，如"子女"。父亲称其妹婿为"大姑爷"，母亲称其弟弟为"大母舅"，都是从子（女）称。这种从子（女）称可以类推为从孙称（或重孙子，即从家中最晚辈称），以至于出现你叫对方奶奶，对方喊你哥哥的情况——安庆市枞阳县甚至有婆婆称呼自己的儿媳妇为姐姐。

姻亲的从他称比例远远高于血亲的从他称，而且从他称不但适用于亲属称谓，还适用于非亲属称谓，比如，生子后的"我"，分别称"我"的"父亲、母亲、舅父、姑父、姨父"为"爹爹、奶奶、舅爹爹、姑爹爹及姨爹爹"，还可以称呼"我"同乡的父辈熟人为"爹爹（奶奶）"。

五、亲属称谓的文化内涵

汉民族亲属称谓是以血缘关系为基础，是在父权家长制的基础上不断扩大发展起来的。"亲属称谓集中地反映了宗法制社会习俗，同时也带上了显著的地域文化色彩。"（陈颖，2010）

从亲属称谓的文化内涵上看，潘文、刘丹青（1994）认为汉语亲属称谓有"长幼有序、男女有别、亲疏有别、血亲姻亲有别"四大特点。参考这四个方面，结合方言本体特点，以下分别阐释皖西南方言亲属称谓的文化内涵。

（一）长幼有序的等级观念

代表"家族、亲友之间的世序次第"的辈分，是亲属称谓尊卑的基础（唐爱华，2005）。和辈分相比，年龄、财富乃至个人的社会地位都是次要的。建立在"重辈分、轻年龄；重辈分、轻社会地位"基础上长幼有序的等级观念，促成了皖西南一个个牢固、和谐之宗族的建立。

从表象上看，皖西南方言亲属称谓的"从他称"和"重辈分、长幼有序"是悖逆的。但这种悖逆却是善意的，因为如果大家都谦卑地从他称，以抬高对方身份的话，会建立一个积极、平等的对话模式，同时给晚辈树立了一个"尊幼"的范例；反过来，受话方也会从他称，更加抬高对方的辈分以表尊敬，来强化"长幼有序"。

（二）亲疏有别的地域文化

上文叙述的改称、贱称和从他称，均从不同角度体现出皖西南亲属称谓谦恭守礼的区域文化特征。由从他称衍生出姻亲称谓血亲化（如称呼姐夫为哥哥）及亲属称谓词泛化的现象，也体现了当地亲情醇厚的淳朴民风。

亲属称谓词"亲爷"和"亲娘"体现出区分内外的地域文化。"认亲爷（娘）"这种习俗在皖西南地区很普遍，尤其是早些年经济条件比较差的时候。这种习俗是因为父母希望孩子少灾无病，又认为多一对父母疼爱孩子容易养大。为了区分，将"认"的（有的称为"拉的"）"父（母）"称为"亲爷（娘）"或者叫"干爷（娘）"。这个"亲"字，在皖西南方言恰恰代表的是"外"，真正是自己的直系"内"亲的话，是用"胞"来表示，如"胞弟兄、胞儿子、胞爹爹"等。

现在,这种认干亲给孩子祈福的做法越来越少了,但"亲爷(娘)、亲爹爹(奶奶)"的称呼已经被规范到皖西南亲属称谓词里了。将兄弟的姻亲父辈和姐妹的公公、婆婆均称为"亲爷""亲娘",将姨(姑)父的父母称为"亲爹爹(奶奶)",这个称谓方式一方面将兄弟姊妹的外亲视同父母,同时又加上一个可以区分内外的"亲"字,实在算得上是一种委婉至极的礼节。

(三)男尊女卑的社会性别差异

中国传统农耕文明的长期发展,让男子取得了生产劳动和家庭生活中的支配地位,产生了以父子关系为核心、男尊女卑的宗族家庭模式。家族内是"以男系血缘的远近亲疏来区分辈分和内外系别,并确定称谓和家庭地位的"(李勉,2012)。男尊女卑的社会关系必然会通过汉语或方言的亲属称谓词体现出来。"妻子"在皖西南大多数地方被称为"奶奶",这个称谓应该是封建社会"一夫多妻"的产物。而"我家的、屋里的、烧锅的"这样的称呼则形象直白地将女人只是男人帮佣的思想表达出来了。相比较而言,宿松和太湖的"妻子"待遇要好一点儿,被称为"堂客",但丝毫谈不上与丈夫平等,更别说当家做主了。新派称呼中,妻子被称呼为"爱人",体现夫妻相亲相爱的关系,和谐家庭、夫妻平等的社会风尚正悄然形成。

第三节 皖西南方言的特征词及其过渡性特征

单从语音角度研究皖西南方言,目前尚不能确定其境内各市县方言的归属。在这种情况下,皖西南方言特征词的研究"提供了一个较为可行和较为科学的依据,以此来弥补以往单凭语音标准的不足"(曹廷玉,2001)。

所谓方言特征词,指的是:"一定地域里,区内大体一致,区外相对殊异的方言词"(李如龙,2002)。给出这样一个界定后,李先生给出他关于方言特征词的几点理解:

第一,各种汉语方言不但有语音特征,而且有自己的词汇特征。方言的词汇特征首先体现在特征词上。

第二,汉语方言的特征词是具有特征意义的方言词,在方言区内普遍应用、大体一致,在外区方言又是少见的。

第三,汉语方言特征词不应该是一两条或者少数几条,而应该有一定批量。有一定批量才能构成可信的特征。不同的方言区(无论是大区、小区)可能有不同规模的批量,数量多少,只能具体分析,不能统一规定。

第四,由于同一的源流或相连的地域造成的密切交往,不同方言区之间往往有共同的特征词。这种共有的交叉也是一种特征。独有特征词是个体特征，共有特征词是关系特征。

第五，方言区往往有典型的核心区和边缘区之分。方言特征词往往在核心区表现得较为明显，而边缘地带则受周边方言的影响而表现得不充分。考察方言特征词可把重点放在核心区。

第六，方言特征词既是批量的，就应该按其特征意义的大小分为不同的等级。凡是区内相当一致、区外未见或者少见的，可以称为一级特征词；凡是本方言内部不够一致，或区外较多交叉的，可作为二级特征词。如果方言特征词数量大，也可按不同的重要性细分为三级。

第七，考察方言特征词应该首先注意常用词、有派生能力的根词、单音词中的特征词。这些特征词无疑具有更大的特征意义，因而也更有价值。

一、方言特征词的界定

李如龙先生（2002）所界定方言特征词是"一定地域的方言里有特征意义的方言词，即在区内较为普遍通行，区外又比较少见的方言词"。虽然"有特征意义"和"普遍通行、区外少见"缺乏量化标准，定义中的方言特征词内涵和外延较模糊，但从这个界定，我们可以看出方言特征词的三个主要特征：

一是系统性。方言特征词不能理解为在一定区域里最具特殊性的少数几个词，必须是有一定批量的、系统性的，在本区方言中普遍存在的方言词。

二是排他性。特征词在本方言区内大体一致，在方言区外则相对殊异。

三是稳定性。方言特征词必须有一定的稳定性，而不能昙花一现。

除重点参考以上方言特征词的特点外，实际操作中还要注意以下几点：

（一）词的类别选择上有所侧重

诸多类别的方言词汇在各个方言区的一致性是不一样的，"政法类、文体类、教育类、交通类等一致性最高，服饰类、宗教祭祀类、工业类、商业类、应酬类等的比例也不低，差别最大的是亲属称谓类、婚丧类、人体类等"，"差别较大的是名词中亲属称谓类、婚丧类、人体类、疾病医药类、时间类、人品类、天文类、地理类、人体动作类以及副词等"（陈章太，1994），方言特征词的研究应更侧重差别较大的词类。因此，本章以亲属称谓类、丧葬类、动作类及副词为重点考察对象，来揭示皖西南方言的词汇系统的面貌与特点，弄清其构成、特点、历史及文化内涵等混合性过渡特征。

（二）侧重词义，而不是读音或者词形

因为读音属于方言语音方面的问题，不必与特征词研究混同。词形或者记录词汇的字，往往会受读音的影响，例如表淋雨的"涿"或"沰"，表近处细看的"觇"或"眄"，只是选择本字形式上的差别，词义本身没有区别；表今天的"今朝"有人错记成"跟朝"，完全是读音问题。有些词，在各地方言中由于其读音不同，引起考证出来的本字不一样，但我们不能各用一个写法作为自己的方言特征词。如皖西南方言里有这样一个字，□kɛ˧，锯、割开之意，还可用于名词"~匠专门替人伐树或锯开大木头为生的人"。这个字董绍克（2005）考证为"锲"，并认为本字是"刉"。《四川方言词语考释》（2002）认为应该是"镢"。覃远雄则认为它的本字是"解"。无疑，并不能将这三种写法分别作为当地的方言特征词。

（三）古语承传词不一定是方言特征词

所谓承传词，是指从古代汉语词汇中直接承传下来的词，包括从古代通语和古方言词汇中承传下来的词。很多方言词汇中存在古语承传，但这些古语词只能说明其历时层次性，却不能确定是该区域的方言特征词。因为这些古语词如果在别的方言中也同样留存的话，就不是"排他性"的特征词，如"姘头""臊子"等古语词（黄绮，1961），广泛存在于诸多方言甚至普通话，显然不能当作特征词。

（四）方言特征词有一定的时地特性

方言特征词的地域性无疑是基础性的，这是其基本属性"排他性"决定的。但这种地域性往往由于语言接触，特别是共同语的规范使得原本的某地的方言特征词不再属于"独享"。如北京方言特征词"打马虎眼""二百五""黑不溜秋""窝囊废"等等，在汉语里普遍使用，是因为北京话作为普通话的标准音，其特征词有一部分也跟着融合进入了汉语方言中。还有一种涉及方言特征词稳定性但不完全一样的情况，就是某些方言特征词随着其历时发展而发生变化甚至消失。比如上文提到的"□kɛ˧匠"就是随着机械化的出现而消失了，这种词就不能因为调研时别的方言没有而将其记录为本地的方言特征词①。丁邦新先生（1998）指出："某个词汇在历史上可以肯定它应用的时段，到某一个时期之后已经被其他同义词代替了，不再见用了；而这一个词汇却保存在某一方言之中，那么就可以用它来作为方言区分的一个条件。"古代汉语通行范围极广的基本词汇，现在在某些方言里保存，具有强烈的排他性，这时候可以考虑它是此地的方言特征词，但方言词汇的研究必须跟汉语

---

① 本人调研时发现只有中老年人才知道有这样的职业，他们告诉我那个年代的山地森林地区这是个很基本的职业，全国各地都有而不仅仅是皖西南才有的。类似的职业，如机匠（织布的）、接犁头的（以专门修理犁铧为职业的）等等，很多都消失了，但有的被调研者感觉这些词非常有区域特色。所以，有些方言特征词不是单靠方言词典或咨询一两个当地人就能确定其是否算作方言特征词。

词汇史的研究结合才能作深一层的探讨，不作词源研究往往不一定能以特征词来作为方言分区的依据（丁邦新，2008）。在相同的民族共同语中，不同方言之间交流时词汇流通无疑是最快的，很多甲方言的词汇，在乙地可能变成常用词，而不再是甲地方言的特征词，如广东话的"埋单""打的"等，现在在普通话里很通行。

二、特征词的区内外比较及其过渡性特征

皖西南地处吴、楚、赣之交界，是三方言的接榫区。无论是地理上的方言接触，还是历史上的运动移民，皖南吴语（或者徽语）无疑是吴语的末端，也是和江淮官话接触的初始端。同样，皖西南某些县市的赣语是江淮官话向赣语过渡的末端，也是赣语的起始端。因此，本节通过皖西南各市县方言词分别与绩溪方言特征词和赣方言特征词进行共有词比较，根据其亲疏度分析皖西南方言特征词的过渡性特征。

（一）皖西南各市县方言与赣方言特征词的比较

皖西南各市县方言与赣方言的比较以曹廷玉（2001）的博士论文《赣方言特征词研究》为参考，列出皖西南各市县方言与赣方言特征词的共有词，并计分形成数据组。共有词计分依前文的"特征量化及计分规则"进行量化。因篇幅所限，本书先用安庆市区方言与赣方言特征词为例，进行详细比较，其他县市只列出共有词及其比较数据，而不再逐个比较、逐一列出比较的词形、词义及计分。

1. 皖西南各市县方言与赣方言特征词之共有词比较

（1）安庆市区（简称安庆）方言与赣方言特征词的共有词比较

一级特征词比较。两者共有 17 词，计 13 分。

①【呼】唤（鸡、鸭、狗），通行于整个赣方言区，安庆也有此说，计 1 分。

②【作田个】农民。通行于整个赣语区。安庆说"作田的"，计 0.5 分。

③【单身】单身汉叫"～"，赣方言多片说。安庆说"～汉"或"光汉头子"，计 0.5 分。

④【咽】嗓子沙哑叫"咽"，通行于整个赣方言区。安庆的"咽"表示咽喉部不舒服，如"菜太咸，嗓子～人家"，此义及用法两者有些雷同。安庆的"嗓子沙哑"叫"sa˥"，计 0.5 分。

⑤【澄】液体沉淀说"～"。安庆话有此说，计 1 分。

⑥【矸】强行塞入口中说"～"，通行于赣方言多数片。另南昌、永修、萍乡、新余等地"矸"有另一义，表示抹平、塞平缝隙，如"～缝"、"～灰"。

安庆有后一种用法，计分0.5。

⑦【触人】气味呛鼻说"～"，通行于赣方言多区。安庆同，计1分。

⑧【撇脱】方便、容易说"～"，通行于赣方言多数点；南昌、永修"爽快、干脆"说"～"，此用法安庆话适用，但说成"撇潵"，计0.5分。

⑨【间】隔几天说"～"，赣方言区多数点有，还可以表空间距离的相隔，如南昌、萍乡的"～几里"。安庆同，计1分。

⑩【迹仍】手脚印，赣方言多数点说。表器物上的疤痕，赣方言部分点说，如赣北片的南昌、永修，赣西片的宜春、峡江，赣中片的黎川及赣东北片的余干、弋阳等点。安庆说"迹子、痕子或印子"，表物件上的痕迹。计0.5分。

⑪【戳】性交说"～"。安庆同，还用于詈语，计0.5分。

⑫【剟】挖坑说"～"，通行于整个赣方言区。此外，赣北片多地表"掏耳朵"说"～"。安庆有此两种说法，计1分。

⑬【匐（到）】趴着说"匐（到）"，通行于整个赣方言区。安庆话里有此说，记本字为"伏"。计1分。

⑭【泅】墨水扩散说"～"，赣方言区多数点有。安庆用"～"墨水渗透，多数用"发"表墨水扩散，计0.5分。

⑮【猴】羡慕、想得到说"～"，通行于赣方言区多数点。安庆同，计1分。

⑯【整病】治病说"～"，赣方言多数点有。"整"还用于表修理、平整。安庆方言说"诊病"，计0.5分。

⑰【磨人】折磨人说"～"，通行于赣方言区。安庆方言也有这样的用法，如这伢子真～！计1分。

⑱【旺】形容"兴旺、生意兴隆"说"～"，通行于赣方言多数点。安庆话也有这样的用法。计1分。

二级特征词比较。两者共有29词，计18.25分。

⑲【耘禾】耘田叫"～"，通行于赣方言区赣北片的南昌、永修、安义、修水、都昌，赣西片的一些地方。安庆说"耘田"，虽然动词语素"耘"相同，但此特征词的考察点在"禾"，故此词的共有成分比例权重变小（下文同），计0.25分。

⑳【屋场】村庄叫"～"，通行于赣方言区赣北片的永修、修水、安义、高安、都昌，赣西片的萍乡、新余、炼化、宜丰、吉水、峡江、永新及赣东北片的余干等点。安庆有类似说法，"屋"表村庄，如王老屋王庄，"～"在安庆表"房基"，计0.5分。

㉑【起走】母猪发情，通行于赣方言区赣西片如萍乡、新余、宜春、莲花、上高、峡江、永新及赣东北片如余干等点。安庆方言说"起窠"，计0.5分。

㉒【手捏子】手帕，通行于赣方言区赣北片的南昌、永修、安义、都昌，赣中片的黎川、抚州、东乡、临川、南风、宜黄及赣东北片的弋阳、乐平、横峰等点。安庆同，计1分。

㉓【发坼】开裂，主要通行于赣方言区赣北片的南昌、永修、安义，赣中片的抚州及赣东北片的余干、弋阳等点。安庆同，计1分。

㉔【母舅（背称）】舅舅，通行于赣方言区多点，永修话"～"的面称是"母"。安庆话"～"，既可以作面称也可以作背称，还可以简称为"母"，计0.5分。

㉕【饮汤】米汤，主要通行于赣方言区赣北片的南昌、永修、安义、都昌，赣中片的抚州、南城及赣东北片的余干、弋阳等点。安庆同，计1分。

㉖【旺子】供食用的猪血，这是一种避讳的说法，因为"血"赣方言多点音同"歇"，而"歇"有歇业、倒闭之义，故此为了避字音而概说，采用歇业的反义词"旺"。它通行于赣方言区不少点，如赣北片的南昌、永修，赣西片萍乡、新余、永新及赣东北片的余干等点。安庆方言音 xuɒ，记作"盍子"，表可供食用的动物血，如猪～、鸡～、鸭～，二者应该是共有词，计0.5分。

㉗【淘汤】用汤泡饭，赣方言不少点说。赣北片的南昌、永修，赣西片的永新，赣中片的黎川、抚州及赣东北片的弋阳等点。安庆同，计1分。

㉘【打瞌睏】瞌睡，赣方言区多点说。如赣北片的南昌、永修，赣西片的萍乡、宜黄、莲花、峡江，赣中片的黎川、抚州、东乡、临川及赣东北片的余干、鄱阳等点说。南昌、黎川等说"春瞌睏"，安庆说"春瞌子"表打瞌睡，计0.5分。

㉙【作礼】讲礼数、客气，通行于赣方言区赣北片的南昌、永修，赣中片的抚州及赣东北片的余干、弋阳等点。安庆同，计1分。

㉚【驮】～是赣方言中重要的特征词，能构成许多词语，表示多重意义。如～打挨打、～骂挨骂，～债负债，～肚怀孕，～忏非常想念，～小孩背小孩，～气生气，～吓害怕、受惊。安庆话不说"～肚"、"～忏"和"～吓唬"，其余同，计0.5分。

㉛【褙】糊（纸盒等），赣方言一些点有。如永修话"～鞋底"，黎川话"～壁"，莲花有"～紧"一词，指粘住。安庆话有"～鞋底"一说，同永修，其余用法无，计0.5分。

㉜【毁】回头，赣方言区一些点说。南昌有"～筋"一词，表痉挛。"～"在赣方言里用法不少，可以表示拧毛巾、拧螺丝及拧瓶盖等。安庆仅有"～筋"一说，同南昌，计0.25分。

㉝【纵】（向上）条、特别指双脚一起向上跳，通行于赣方言区多个点。安庆同，计1分。

㉞【着吓】害怕，赣方言区一些点说。安庆同，计1分。

㉟【雀薄】形容心眼坏、缺德，通行于赣方言区赣东北片的南昌、永修，赣西片的萍乡、峡江、永新及赣中片的黎川、抚州等点。安庆有"～"一词，常说成"雀巴"，虽然是贬义词，表意没赣方言那么重，多指"开玩笑，让别人难堪"。计0.5分。

㊱【高低】无论如何、一定，通行于赣方言区赣北片的永修，赣西片的萍乡及赣东北片的余干、弋阳等点，南昌、余干及弋阳有同义词"横直"。安庆有"～"和"横直"两种说法，计1分。

㊲【节巴】（竹、树）节，赣方言区一些点说。安庆说"节"，考虑到被特征词考察重点是"巴"，所以两者相同居少，计0.25分。

㊳【做屋】盖房子，通行于赣方言区的赣北片的永修、安义、修水、都昌，赣西片的新余、宜丰、吉水、峡江，赣中片的黎川、抚州、南城及赣东北片的余干、弋阳等点。安庆同，计1分。

㊴【橡皮】橡子，通行于赣方言区一些点。安庆话说"～子"，计0.5分。

㊵【茶】为了避讳，把中药叫"～"，通行于赣方言区赣北片的永修，赣西片的峡江、永新，赣中片的黎川、抚州、宜黄及赣东北片的余干等点。安庆话的"～"只代表茶水，中药为了避讳说成"香茶"，与赣语类似，计0.5分。

㊶【老弟】弟弟，赣方言区赣北片的南昌、永修、修水、安义、都昌，赣西片的萍乡、新余、宜丰、吉水、峡江、永新等点说。安庆说"兄弟"，计0.5分。

㊷【胲】（食用油、肉类等）败坏，赣方言区一些点有。安庆同，计1分。

㊸【打】武术，主要通行于赣方言区赣北片如南昌、永修、安义、都昌及赣西片如萍乡、新余、宜丰、吉水、永新等点，赣中及赣东北片少说。安庆同，计1分。

㊹【划水】游泳，赣方言区一些点说。安庆表冷水中游泳或池塘里洗澡，基本相同，计1分。

⑤【觑】偷看，通行于赣方言区一些点。南昌话的"～"略带贬义。安庆话也说"～ $_c$tsʰʅ"，不是偷看，而是近处看、仔细看，计0.5分。

⑯【客气】形容（人）好看，通行于赣方言区多点，南昌有同义词叫"齐整"，安庆同南昌，计0.25分。

⑰【杀辣】形容（人）能干，赣方言区部分点说。弋阳、抚州、余干说"停当"，指人聪明能干。安庆话说"辣"，多指人泼辣；也有"停当"一说，表女子（聪明贤惠能干），义同。总体看相似度挺高，计0.75分。

⑱【邦硬】硬邦邦，通行于赣方言区赣北片的南昌、永修，赣西片的萍乡、新余及赣中片的黎川等点，赣东北片少说。安庆话说"铁硬"，计0.5分。

⑲【莫】不要，赣方言区多数点有。安庆说"莫要"，计0.5分。

（2）桐城市与赣方言特征词之共有词比较

桐城市与赣方言特征词比较发现，共有词及计分情况几乎和安庆市区完全一致，故从略。

（3）枞阳县与赣方言特征词之共有词比较

以安庆市区的比较范例，枞阳话有而安庆话没有的，放到增加部分，反之放到删减部分（前后分别是赣语和皖西南各市县的对应词，完全相同的只写词及其解释，下同）：

①增加部分：【错，量词】；【栽禾】：【栽秧】；【置，～办、购～】；【撮起】：【撮起来】；【整病，治病】；【肚里】：【肚子里】；【头世，前世、上辈子；头日，前一天；头回，上次】：【头天，头回】；【答：理会】；【□lɔŋ^{42}稀，形容词，稀疏】：【稀□lɔŋ^{42}，形容词，稀软】；【勾腰：弯腰】：【勾腰，kʰəɯ腰】。总计增10个词，6.5分。

②删减部分【呼，唤（鸡、鸭、狗、猪）】；【撇脱，方便、容易】：【撇涌，敏捷、干练】；【纵，（向上）跳】；【茶，为了避讳】；【䐔：（食用油、肉类等）败坏】。总计删减5个词，4.5分。

（4）怀宁县高河镇与赣方言特征词之共有词比较

二者特征词比较发现，情况和安庆市区基本一致，以下列举不一致处：

①增加部分：【头世，前世、上辈子；头日，前一天；头回，上次】：【头天，头回】；【答：理会】；【□lɔŋ^{42}稀，形容词，稀疏】：【稀□lɔŋ^{42}，形容词，稀软】；【勾腰：弯腰】：【勾腰，kʰəɯ腰】。总计增5个词，3分。

②删减部分【杀辣，能干】（保留"停当"义项）。总计删1个词，0.5分。

（5）怀宁县石牌镇与赣方言特征词之共有词比较

二者特征词比较发现，情况和安庆市区基本一致，以下列举不一致处：

① 增加部分：【斗，可作动词或名词。动词：~风指逆风；名词如刮~风，落~雨】；【承（动词）：用一物体托起另一物】；【置，~办、购~】；【撑（人），用言语顶撞人】：【冲（人），言语顶撞】；【只，量词，一~鱼】；【𢱟，ts̺ʰau，牛顶人】；【㡾子，窗户】；【屋里人】：【家里人】；【头世，前世、上辈子；头日，前一天；头回，上次】：【头天，头回】；【捹，pʰɒ，轰赶】；【革，发愁】；【彻，哄骗】：【撒，撒谎】；【乜烂，食物煮得很烂】：【乜许烂】；【晏人，硌脚】；【□lɔŋ⁴²稀，形容词，稀疏】：【稀□lɔŋ⁴²，形容词，稀软】；【蓬，量词：一~草】；【耿日哩】；【扚，（猛地）拔（毛、胡子等）】。总计增 17 个词，15.5 分。

② 删减部分【触人、冲人】；【撇脱】：【撇滯】；【猴】；【整病】；【耘禾】；【茶，中药】；【杀辣，能干】（保留"停当"义项）。总计删 7 个词，4.5 分。

(6) 潜山县与赣方言特征词之共有词比较

二者特征词比较发现，情况和安庆市区基本一致，以下列举不一致处：

① 增加部分：【撑（人），用言语顶撞人】：【冲（人），言语顶撞】；【头世，前世、上辈子；头日，前一天；头回，上次】：【头天，头回】；【屋里人】：【家里人】；【勾腰：弯腰】：【勾腰，kʰəɯ 腰】。总计增 4 个词，2 分。

② 删减部分，无。

(7) 岳西县与赣方言特征词之共有词比较

二者特征词比较发现，情况和安庆市区基本一致，以下列举不一致处：

① 增加部分：【磉石，柱下石】；【㡾子，窗户，又叫窗㡾子】；【撮起】：【戳起来】；【头世，前世、上辈子；头日，前一天；头回，上次】：【头天，头回】；【铰，ᶜkau，剪：~指甲蓬】；【勾腰：弯腰】：【勾腰，kʰəɯ 腰】；【□lɔŋ⁴²稀，形容词，稀疏】：【稀□lɔŋ⁴²，形容词，稀软】。总计增 6 个词，4 分。

② 删减部分【杀辣，能干】（保留"停当"义项）。总计删 1 个词，0.5 分。

(8) 望江县与赣方言特征词之共有词比较

二者特征词比较发现，情况和安庆市区基本一致，以下列举不一致处：

① 增加部分：【㡾子，窗户】；【铰，ᶜkau，剪：~指甲蓬】；【嗅，tioŋ21，闻】；【头世，前世、上辈子；头日，前一天；头回，上次】：【头天，头回】；【撮起】：【撮起来】；【勾腰：弯腰】；【屋里人】：【家里人】；【头世，前世、上辈子；头日，前一天；头回，上次】：【头天，头回】；【捹，pʰɒ，

轰赶】；【革，发愁】；【彻，哄骗】：【撤。撒谎】；【晏人，硌脚】；【□lɔŋ⁴²稀，形容词，稀疏】：【稀□lɔŋ⁴²，形容词，稀软】；【勾腰，kʰəɯ腰】；【驮，~伢，怀孕】。总计增14个词，10分。

② 删减部分【杀辣，能干】（保留"停当"义项）。总计删1个词，0.5分。

（9）太湖县与赣方言特征词之共有词比较

二者特征词比较发现，情况和安庆市区基本一致，以下列举不一致处：

① 增加部分：【床子，窗户】；【磉石，柱下石】；【嗅，tioŋ21，闻】；【铰，ᶜkau，剪：~指甲蓬】；【招财，猪舌头】：【赚条，猪舌头】；【屋里人】：【家里人】；【头世，前世、上辈子；头日，前一天；头回，上次】：【头天，头回】；【捀，pʰɒ，轰赶】；【划水，游泳】：【划澡】；【舞，搞】：【舞不来，搞不好】；【答，理会】；【彻，哄骗】：【撤，撒谎】；【晏人，硌脚】；【撮起】：【撮起来】；【□lɔŋ⁴²稀，形容词，稀疏】：【稀□lɔŋ⁴²，形容词，稀软】；【勾腰，弯腰】：【勾腰，kʰəɯ腰】。计增14个词，10分。

② 删减部分【杀辣，能干】（保留"停当"义项）。总计删1个词，0.5分。

（10）宿松县与赣方言特征词之共有词比较

二者特征词比较发现，情况和安庆市区基本一致，以下列举不一致处：

① 增加部分：【斗，可作动词或名词。动词：~风指逆风；名词如刮~风，落~雨】；【咽：嗓子沙哑】；【磉石，柱下石】；【揪圆，圆溜溜】：【圆纠纠，圆溜溜】；【驮，~肚】；【床子，窗户，又叫窗床子】；【嗅，tioŋ21，闻】；【铰，ᶜkau，剪：~指甲蓬】；【盈，剩】；【彻，哄骗】：【撤，撒谎】；【得壮，形容词，（人）胖乎乎】：【壮】；【撇脱，干脆、利落】；【撑（人），用言语顶撞人】：【冲（人），言语顶撞】；【稆帚，竹制扫帚】：【稆帚，竹制大扫帚】；【头世，前世、上辈子；头日，前一天；头回，上次】：【头天，头回】；【晏人，硌脚】；【□lɔŋ⁴²稀，形容词，稀疏】：【稀□lɔŋ⁴²，形容词，稀软】；【耿日哩】；【答，理会】；【勾腰，弯腰】：【勾腰，kʰəɯ腰】。增20个词，计14分。

② 修改部分：【屋场，房基】：【屋场，村庄】。

③ 删减部分：【撇脱，干脆、利落】：【撇涮，敏捷】。总计删1个词，0.5分。

2. 皖西南各市县方言与赣方言特征词的亲疏度比较

按照安庆方言与赣方言特征词比较的方法和原则，分别将皖西南各市县与赣方言特征词进行比较并量化，获取以下数据组：

皖西南各市县方言与赣方言特征词的亲疏度比较数据（150 个特征词）

共时亲疏比较	方言点	安庆市区	桐城市	枞阳县	怀宁高河	怀宁石牌	潜山县	岳西县	望江县	太湖县	宿松县
X	特征共有词数	49	49	54	54	59	53	54	60	62	68
	特征共有词计分	32.3	32.3	34.3	34.8	40.3	34.3	35.8	41.3	42	48.8
	亲疏度（%）	21.5	21.5	22.9	23.2	26.9	22.9	23.9	27.5	28	32.5

（二）皖西南各市县方言与徽方言特征词的比较

皖西南各市县方言与徽语的比较，徽语特征词本书以刘俐李（2007）"徽语特征词（绩溪）"为参照，列出皖西南各市县方言与赣方言特征词的共有词，并计分形成数据组。共有词计分依前文的"特征量化及计分规则"进行量化。因篇幅限制，本书先用怀宁县高河镇方言与徽语特征词的详细比较为例，其他市县方言只列出比较数据，而不再逐个比较、逐一列出比较的词形、词义及计分。

1. 皖西南各市县方言与徽语（绩溪）特征词之共有词比较①

（1）怀宁高河镇方言与绩溪特征词之共有词比较（共 38 个共有词，计 25.5 分）②

①【不】否定副词：我～去。高河基本同，计 0.5 分。

②【丑】不好看。高河话的"非常不好看"等同于"丑"，计 0.5 分。

③【出蛟】也说"出龙"，山洪暴发。高河老派常说，新派基本说"发洪水、发大水"，但能理解"出蛟"的意思，计 0.5 分。

④【锤】锤子。高河话说"锤子"，近似于徽语，计 0.5 分。

⑤【打杵】用来帮助挑担的、与肩齐高的木棍，挑担时放在另一肩膀上以分担重量，休息时可用来撑住扁担。高河同，计 1 分。

⑥【尔】你，自成音节词。高河同，计 1 分。

⑦【反手】左手。高河同，计 1 分。

⑧【房】房间、屋子，特指卧室。高河话更多说"屋"，新派也说"房"，计 0.5 分。

---

① 笔者认为（外孙、外甥）是同音异形词，不能算作徽语特征词。否定副词"不"，因为徽语读音不同，而将其算作徽语特征词，窃以为不妥。因为方言特征词更多考虑的是词形和词义。共 75 个特征词，如果有 75 个共有词，75 分为满分，表音形义全部相同（或同源）。

② 本节以高河镇方言与徽语的共有词比较为参照，其他市县与徽语的比较照此内容及格式，完全相同的部分从略，不同的部分按照"增添、修改和删减"三个部分显示。

⑨【伏】孵。高河有此说，但"～"功用更广，可用于人趴在桌子上等，有一部分相同，故计0.5分。

⑩【浮漂】浮萍。高河叫"水浮莲"或"水葫芦"，近似度低，计0.5分。

⑪【猴狲】猴子。高河说"猴子"，它考察重点在后一个语素，故计0.5分。

⑫【火熥】烘篮，本地烤火取暖用具，外壳用竹篾编成圆形，内置火盆，一般有盖，可以手提。高河有"～"这个词，但不能手提，不是竹篾编制的，所以所指不一致，近似度仅在功能和词形上，计0.5分。

⑬【囥】放，藏。高河同，计1分。

⑭【筷】筷子。高河说"筷子"，故计0.5分。

⑮【睏】睡，躺。高河一般说"～觉"，说"～"较少，故计0.5分。

⑯【来家】回家来。高河说"家来"，构词语素的顺序颠倒，故计0.5分。

⑰【老官】丈夫：嫁～。高河一般说"老爹（的）"，新派也说"老板"，相似度不高，计0.5分。

⑱【老鸦】乌鸦。高河说"老哇"，计0.5分。

⑲【萝稷】高粱。高河说"芦稼"，后一个字"稷"应该是"稼"，故一个语素同，前面一个语素读音近似，故计0.5分。

⑳【么事】（1）东西，有时也指人：尔手子担着点么仍～（2）放在数量结构的后面，表示极少：一根～，有么仍用。高河话有第一个用法，说么事、么个或么东子（东西），计0.5分。

㉑【面糊】糨糊。高河说"糨糊"或"糊糊子"，计0.5分。

㉒【碰着】（1）遇到，碰见：我在街上～一个同学（2）有机会，偶尔，碰巧：～也来嬉嬉。高河第一个义项说"碰到着"，第二个义项说"碰巧"，故近似度比较高，计0.75分。

㉓【破】劈：～柴。高河同，计1分。

㉔【去家】回家去：尔人得尔搭嬉，我要～吃夜饭去。即：你在这里玩，我要回家吃晚饭去。高河说"家去"，构词语素顺序颠倒，故计0.5分。

㉕【三十夜】大年三十（也可指白天）：今朝～，尔去买点年货来/空忙～，清闲初一朝。高河说"大年三十"（可指白天或晚上），除夕夜高河说成"三十晚上"。故二者近似度较低，计0.5分。

㉖【上围头】也说"上屋头"，八仙桌的座位中间面对着大门的两个座

位，即上座：娘舅坐～。本人认为此处应记作"上位头"。高河对应说成"上席、高头"。二者近似度不高，计0.5分。

㉗【事】事情、事故、工作。高河同，计1分。

㉘【叔伯母，也说伯叔母，妯娌】。高河说"叔妹伙子（儿）"，计0.25分。

㉙【堂前】正房里居中的一间，即堂屋。作用相当于客厅。高河话说"堂轩"，一个语素相同，计1分。

㉚【田】专指水田。高河同，计1分。

㉛【外甥】（1）外甥，姐妹的儿子（2）外孙，女儿的儿子。此说应该是（甥、孙）同音异形，不能算作徽语（绩溪）的特征词。但由于情况相同，计1分。

㉜【蚊虫】蚊子。高河话说"蚊蟑子"，计0.5分。

㉝【屋】房子：大～/老～/做～。高河同，计1分。

㉞【晏】晚，迟：～了两分钟。高河同，计1分。

㉟【硬】稠，液体中某种固体成分多。高河同，计1分。

㊱【灶司】又称"灶司老爷"，灶王爷。高河说"灶神"或"灶神菩萨"。计0.5分。

㊲【猪栏】猪圈。高河说"猪圈"，但说"牛栏"，故计0.5分。

㊳【自家】自己。高河同，计1分。

（2）怀宁石牌镇方言与绩溪特征词之共有词比较（40个共有词，计26.5分）

① 增添部分：【苞萝，也说"苞芦"，玉米】：【芦谷】；【笐竿】：【晒衣竿】；【槛，窗户、窗子】；【脚膝头，膝盖】：【磕膝头】；【嬉，玩，不干活、休息】。

② 修改部分：【锤】：【钉锤】。

③ 删减部分：【打杵】；【房，指房间或屋子】；【破，劈：～柴】。

（3）安庆市区方言与绩溪特征词之共有词比较（共38个共有词，计26分）

① 增添部分：无

② 修改部分：【老鸦，乌鸦】：【老鸦】；【蚊虫，蚊子】：【蚊子】。

③ 删减部分：无

（4）桐城方言与绩溪特征词之共有词比较（共38个共有词，计25.5分）

① 增添部分：无

② 修改部分：无

③ 删减部分：无

（5）枞阳方言与绩溪特征词之共有词比较（共38个共有词，计25.5分）

① 增添部分：无

② 修改部分：无

（6）潜山方言与绩溪特征词之共有词比较（共39个共有词，计26分）

① 增添部分：【乌，黑色】；

② 修改部分：【粪箕，簸箕，用于挑土石等，有弧形提梁】；【浮漂，浮萍】：【水漂】。

（7）岳西方言与绩溪特征词之共有词比较（共40个共有词，计27分）

① 增添部分：【槛，窗子、窗户】；【坪，平地或用于地名】；【嬉，玩，不干活、休息】。

② 修改部分：【稻穄，高粱】；【浮漂，浮萍】：【水漂】；【来家，回家】：【来家】；【去家，回家去】：【去家】；【猪栏，猪圈】：【猪院子】。

③ 删减部分：【上围头】。

（8）望江方言与绩溪特征词之共有词比较（共39个共有词，计26分）

① 增添部分：【玉芦包，玉米】；【槛，窗子、窗户】；【脚膝头，膝盖】：【磕膝头】；【嬉，玩，不干活、休息】。

② 修改部分：【打杵】：【打撑子】；【水漂，水浮莲】：【水葫莲】；【来家，回家】：【来家】；【去家，回家去】：【去家】；【猪栏】：【猪栏】。

③ 删减部分：【出蛟】、【上围头】；【灶司】。

（9）太湖方言与绩溪特征词之共有词比较（共40个共有词，计27分）

① 增添部分：【槛，窗户】：【槛子，窗子】；【牢，牢固】；【起，先：我吃嘴茶～】：【起】；【驮，抱：～妹抱小孩】：【驮】；【乌，黑色】：【乌】。

② 修改部分：【薯稻，玉米】；【锤，锤子】：【钉锤】；【来家，回家】：【来家】；【去家，回家去】：【去家】；【老鸦，乌鸦】：【乌鸦】；【灶司，灶神】：【灶老爷】。

③ 删减部分：【出蛟】；【叔伯母，或叫伯叔母】；【妯娌】。

（10）宿松方言与绩溪特征词之共有词比较（共37个共有词，计26.5分）

① 增添部分：【槛，窗户】；【坦，平地】；【嬉，玩，不干活、休息】。

② 修改部分：【稻粟，高粱】；【粪箕】：【粪筦】；【来家，回家】：【来家】；【去家，回家去】：【去家】；【睏觉】：【睏醒】；【碰，用鼻子闻】：【听】；【蚊虫，蚊子】：【蚊虫】；【灶司，灶王爷，又称"灶司老爷"】：【司门老爷】；【自家，自己】：【自己】。

③ 删减部分：【出蛟，发洪水】；【浮漂，浮萍】，【喷凉荷】；【破柴】；

【叔伯母，妯娌】：【妯娌伙子】。

2. 皖西南各市县方言与徽方言特征词的亲疏度比较

皖西南各市县方言与徽语特征词的亲疏度比较数据

方言点 共时亲疏比较		安庆 市区	桐城 市	枞阳 县	怀宁 高河	怀宁 石牌	潜山 县	岳西 县	望江 县	太湖 县	宿松 县
Y	特征共有词数	38	38	38	38	40	39	40	39	40	37
	特征共有词计分	26	25.5	25.5	25.5	26.5	26	27	26	27	26.5
	亲疏度（%）	34.7	34	34	34	35.3	34.7	36	34.7	36	35.3

（三）皖西南方言特征词的过渡性特征可视化分析及总结

1. 皖西南各市县方言与徽、赣方言特征共有词的比较数据

皖西南各市县方言与赣、徽语方言特征词的亲疏度比较数据

方言点 共时亲疏比较		安庆 市区	桐城 市	枞阳 县	怀宁 高河	怀宁 石牌	潜山 县	岳西 县	望江 县	太湖 县	宿松 县
X	与赣方言的 亲疏度（%）	21.5	21.5	22.9	23.2	26.9	22.9	23.9	27.5	28	32.5
Y	与徽语的 亲疏度（%）	26	25.5	25.5	25.5	26.5	26	27	26	27	26.5

2. 皖西南各市县方言与徽、赣方言特征共有词的比较

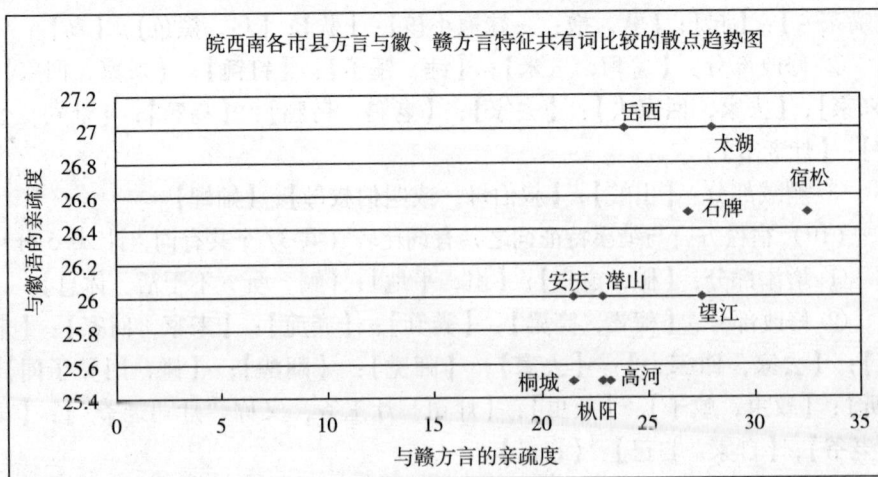

皖西南各市县方言与徽、赣方言特征共有词比较的散点趋势图

3. 皖西南各市县方言与徽、赣方言特征共有词比较的散点趋势图

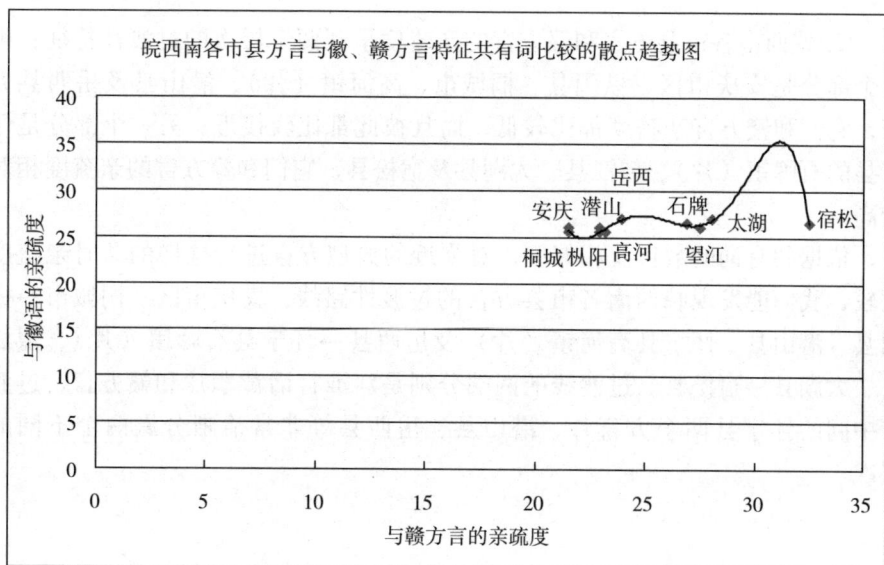

皖西南各市县方言与徽、赣方言特征共有词比较的散点趋势图

4. 皖西南方言特征词的过渡性特征总结

从"皖西南各市县方言与徽、赣方言特征共有词比较的散点趋势图"中我们可以看出两个方面的主要信息：

① 皖西南各市县方言和徽语方言特征词的比较，我们发现所有县市方言和徽语的亲疏度都很接近，介于 25% ~ 27% 之间，在图像上几乎是一条直线。这说明皖西南各市县方言和徽语（绩溪，下同）的亲疏度基本一致，这种一致性很多来源于徽商文化的独特性，很多徽商文化的方言特征词具有极强的排他性，如"茴香豆腐干、一世夫妻三年半、寄信割牛草"等等，都是皖西南各市县方言一致不具有的；这种一致性还可能因为经济、文化或地理原因，使皖西南各市县与徽语地区的语言接触都很少，而少有彼此影响。

不能因为皖西南方言和徽语亲疏度几乎一致，就断定皖西南各市县的方言几乎相同，因为当我们将皖西南方言和徽语进行比较时，徽语有的特征词，皖西南方言没有，这样的特征词比较能体现二者的亲疏关系，但这往往不能反过来用皖西南各市县方言与徽语的亲疏度的数值来研判皖西南各市县方言自身的亲疏关系基本一致。因为特征词比较中，如果给"双无"估分，反而会"错误地估计方言间的关系"（马希文，1989）。举例说，桐城市和宿松县分别与徽语比较的时候，会出现很多桐城和宿松的"双无"特征词，这些比较对象的"双无"能体现桐城、宿松和被比较对象徽语的亲疏度，但不能体

现前两者，以及比较对象之间是相近方言关系，更不能将二者归属相同方言片。

②皖西南各市县方言和赣方言的亲疏度呈现两个层次的过渡性特征：第一个部分是安庆市区、枞阳县、桐城市、高河镇（片）、潜山县及岳西县方言，它们和赣方言亲疏度都比较低，而且彼此都比较接近；另一个部分是怀宁县的石牌镇（片）、望江县、太湖县及宿松县，它们和赣方言的亲疏度相对较高。

依据共有词的数目及相似度，对临近的典型方言进行这样的共时亲疏度比较，我们能发现皖西南各市县方言的过渡性路线：安庆市区、桐城市→枞阳县、潜山县、怀宁县高河镇（片）及岳西县→怀宁县石牌镇（片）、望江县、太湖县→宿松县。过渡线的两端分别是江淮官话黄孝片和赣方言，过渡带中间的怀宁县两个方言片、潜山县、岳西县等非常清晰分属两个不同的层次。

第四章　语法及其过渡性特征

邵敬敏、周芍（2005）认为，"语法体系的建立，这主要是国外传教士根据他们的实际需要编写了一些汉语教科书，不能不涉及语法，但是仅仅局限于沿海的一些方言。根据目前所看到的材料，汉语方言语法著作最早的一本应该是艾约瑟《上海口语语法》，它主要按照英语语法框架来描写上海方言口语语法。但这仅仅是一种记录，还谈不上研究。真正意义上的科学研究要数赵元任1926年发表的《北京、苏州、常州语助词的研究》（《清华学报》3卷2期），该文对三地方言的语助词进行了横向比较研究，并且取得了非常有价值的结论，可以说这是汉语方言语法研究的开山之作。"此后的长达半个多世纪的时间里，"虽然汉语方言的论著洋洋大观，不下几百种之多，可是方言语法研究却长期处于半停滞状态，不但一直没有引起足够的重视，而且研究成果在现代汉语语法研究中所占的比例也无足轻重"（邵敬敏、周芍，2005）。汉语方言的研究"一直局限于方言语音、方言词汇的调查研究，尤其是方言语音的调查研究，很少顾及方言语法的调查研究"（陆俭名，2000）。

"汉语方言语法的研究在20世纪70年代以后才逐渐引起方言工作者的关注，但直到70年代末、80年代初以后汉语方言语法研究才真正开始"（詹伯慧，2004）。20世纪80年代以来，汉语方言语法研究取得了明显进展，这得益于朱德熙先生，他强调加强方言语法与历史语法研究的重要性。但是，与语音和词汇的研究相比，方言语法的研究还显得薄弱，方言语法事实的发掘还很不够，方言语法研究的内容主要"着力于描写，着力于与普通话的比较，对方言语法成分和语法范畴的来源及发展演变过程却较少进行解释"（黄晓雪，2007）。

汉语方言语法研究滞后的原因，邵敬敏、周芍（2005）认为，主要受主客观两个方面因素的影响：一是方言研究客观上存在一些困难：第一，在语音、词汇都还没有调查清楚的情况下就进行语法研究，有点力不从心；第二，语法研究对语感的要求更高，所以如果不是研究自己的"母语方言语法"，就很难进行深入的研究；第三，方言学界的学者从历史上看，汉语方言语法的描写，实际上还早于汉语共同语。汉语方言语法研究在语法研究方面缺乏基本功的训练，在掌握先进的语法理论与方法方面存在明显的先天不足。二是从语法学界角度来看，在主观认识上存在三个误区：第一，以为汉语方言之间的区别主要是语音，其次是词汇，而语法基本上大同小异，没有什么太大的研究价值，所以不值得去做；第二，以为即使方言语法可以研究，那也是方言学界的事情，语法学家只需研究普通话的语法，也就是不需要去做；第三，认为现代汉语语法的研究也还是才起步，这些课题都做不完，根本没有精力和时间去涉及方言语法的问题，也就是没可能去做。

要改变方言语法研究不足的局面，除了改变认识，意识到汉语方言语法研究的重要性，语法学界的学者及方言研究者们更应该进行汉语方言语法研究。因此，在研究皖西南语音和词汇的同时，本书还对皖西南方言的反复问句、"把"字句及双宾语、比较句及方言虚词"着"等过渡性特征进行探究。

第一节　方言虚词"着"的过渡性特征[①]

一、"着"在各市县的具体表现形式

（一）单个词的具体表现形式

因为语音演变的层次性，方言虚词"着"在皖西南各市县的具体表现形式不尽相同，有的声母保留古音读端组音，有的则读作知（章）组声母。与之相对应，各市县的韵母也有所不同，具体词形在各地的表现列表如下[②]：

县市＼词形	枞阳县	桐城市	安庆市区	怀宁高河	潜山县	岳西县	怀宁石牌	望江县	太湖县	宿松县
着	仔	着	着	着	着	着	倒、哆	着、哆	倒、哆	着、倒、哆
合音词	喳	喳	喳	喳	喳	喳	哆	哆	哆	哆

（二）合音词的表现形式

皖西南方言里有不少合音词，比如这里的"着"位于句子末尾，且和语

[①] 储泰松（2013）、田甜（2009）认为表应诺的 tɕau˨，本字应是"着"。笔者同意这个观点，并以为这个表应答或允诺的"着"通行于江淮之间方言词，淮河偏北则改为"管"。本章所说方言虚词"着"，是多个形态的集合体，不含这个应诺义的"着"。

[②] 桐城少数地方有人记作"之"，但从语音角度看，的确更接近入声，因此本书认为应该是"着"。

气词结合的时候，往往会出现合音词。"仔、着"和"啊"结合成为合音词"喳"，"倒"（也有记作"到"）和"哦"结合成为"哆"。需要说明的是石牌、望江、太湖等地的"哆"不一定都是合音词，有可能是"着"的音变。比如说在望江方言里，"着"和"哆"并存，总体看"县内长岭以北的鸭滩等地用'着'，其余地区用'哆'"①。

二、"着"的语法特征

梅祖麟（1988）先生对汉语方言的体貌助词进行了系统细致的研究，在论文《汉语方言虚词"着"字三种用法的来源》中，他对汉语方言中的体貌助词与"着"的同源关系做了深入论述。他认为"虚词'着'字在汉语方言里有三种用法：方位介词，跟普通话'坐在椅子上'的'在'字相当；持续貌词尾，跟'坐着吃'的'着'字相当；完成貌词尾，跟'吃了饭就去'的'了'字相当"。他详细考察闽语、官话、吴语、湘鄂方言及诸多古汉语相关语法的纵向联系，并从音韵学理论的角度作了令人信服的论证后，得出这样一个结论：汉语中的方位介词、完成和持续貌的词尾都来自古代汉语的"著（着）"②。

正如梅文所论证的，皖西南方言这些外在的不同表现形式"仔""着""倒""哆"，同源于古汉语的"着"，只是其历时层次不同而已。梅文提及虚词"着"的三种用法在皖西南各市县方言中普遍存在（语法描写部分，不同形式的"著"均记作"着"）。

（一）分类及语法特征的描写③

怀宁县的石牌镇、望江县、太湖县及宿松县这几个地方和前面几个市县的"着"，并不是一一对应，而是多对多的关系，就是说前面几个县市的"着"表面上看是一个词，其实是几个同形词的并合。为了区分它们在不同市县的不同表现形式，首先我们以安庆市、桐城市、枞阳县、高河镇（片）、潜山县及岳西县的"着"进行分类，并分别描写各种"着"的语法特征：

1. 着₁

方位介词，相当于普通话里的"在"或者"到"，例如：

① 书搁着桌子上，要的话就搦走。书放在桌子上，需要的话就拿走。

② 伲几站着椅子高头跳来跳去。他们站在椅子上面跳来跳去。

③ 尔把伢驮着屋里头去。你把孩子背到房间里去。

---

① 刘平宽（2010）《望江词语撷拾》，未刊本。

② 下文的例句中除非特殊说明，一般记作"着"，$_c$tso 音。

③ 因为"着"的不同形态，所以本节例句，除特殊说明外，一律用怀宁县高河镇方言为参照。

④ 莫惹我，不然我把这些东子甩着外头去。<u>别惹我，不然的话我就把这些东西扔到外面去。</u>

上面四个例句中，"'着'在静态动词后面的意思是'在'，动态动词后面的意思是'到'"，这样"一部分因为'着'前面的动词有的是静态，有的是动态，一部分因为同一个动词有动、静两种用法"（梅祖麟，2000）。例如"坐在前面"、"后面看不清，坐到前面去"，前者是静态的"坐"，后者是动态的"坐"。

2. 着$_2$，存续体

它不是持续体助词，不完全等同于普通话里的"着"，因为普通话的体助词"着""既要表动作进行，又要表状态的持续"（刘丹青，1995），而它附在动词后，只能表达"动作的存续、伴随及行为呈持续不断或连续不断"（钱乃荣，2000），属存续体，具体分析如下[①]：

（1）接动词后，"V+着$_2$"结构，位于句尾

佢屋里的灯一夜都亮着。<u>她房间里的灯一夜都亮着。</u>

佢的头一直这么昂着。<u>他的头一直这样昂着。</u>

这两个句子都表示主语发出动作的状态持续或连续不断：前者是灯被点亮后，灯的明亮状态的存续；后者是他昂头动作做出后，"昂"状态的连续不断（而不用他不停地昂头），或者伴随着"昂"的状态他另做别的事情，如看电影。

（2）接动词后，"V+着$_2$"结构，位于句中

考试的时候，尔一直望着老师做么个？<u>考试的时候，你一直看着老师干什么？</u>

我将才还看到佢抱着个大西瓜。<u>我刚刚还看到他抱着一个大西瓜。</u>

我欢喜开着灯睏觉。<u>我喜欢开着灯睡觉。</u>

房梁上趴着一个人。<u>房梁上趴着一个人。</u>

胡芋藤上挂着一大串胡芋。<u>山芋藤上挂着一大串山芋。</u>

前三个例句中，主语发出的动作实施给宾语，宾语承受动作状态的持续。后两个例句是存现句，动作的发出者在动词的后面，同样也是表动作状态的存续或持续不断。

（3）V$_1$+着$_2$+V$_2$；带+V$_1$+带 V$_2$+着$_2$

易生其被佢伯伯撵着跑，哭的哇哇叫。<u>易生其被他爸爸撵着跑，哇哇叫地哭。</u>

---

① 文中 V 表动词，VP 表谓词性成分，NP 宾词性成分，O 表宾语，A 表形容词，C 表补语（下同）。

我一路上带走着带唱着，点点都不累。*我一路上边走边唱，一点儿都不累。*

这两个句子中都表示两个动作的同时进行：爸爸"撵"的同时，易生其"跑"；我"走"的同时，"唱着歌"。但这两个句子有细微差别之处："'V₁+着₂+V₂'中的'V₁'一般是'V₂'的方式或手段，'V₂'是'V₁'的目的；'带+V₁+带 V₂+着₂'表示的是两个动作同时进行，没有主次之分"（许国萍，1997）。唐爱华（2005）把这种表两种动作行为同时发生的格式称为"同时体"。这种同时体，在皖西南方言中不少，大体和普通话的"又 V₁ 又 V₂"或"一边 V₁ 一边 V₂"相当，例如：

毛伢在家里一哭一叽。*婴儿在家里又哭又叫。*

晓得着佢男人出轨，佢带哭带骂。*知道了她男人出轨，她一边哭一边骂。*

（4）与时间词的结合

由于"着₂"表示动作行为或状态的持续，所以句中常常会出现如"一天到晚、整天、一直、老、老是、总是或不停"等不表示明确时间起点的词，使句中有些动作出现"间歇性"中断，但从这些时间词的整体看，动作或者动作所形成的状态具有存续性，例如：

这个小伢总是跟着我屁股后头。*这个小孩总是跟着我后面。*

芝麻绿豆大的官，还一天到晚端着个臭架子。*芝麻绿豆大的官儿，还整天摆着个臭架子。*

这兄弟伙几搞不到一块去，整天吵着要分家。*这些兄弟处不好，整天吵着要分家。*

（5）和短时体动作的结合

动作行为在瞬间就可完成的动词，当动作以重复的方式持续进行时，可带"着₂"。这时，句中常常会出现表持续不断的补语、状语，或动词自身加"着₂"后重叠，例如：

楼上的人好烦，一天到晚叮叮当当敲着不歇火。*楼上的人真烦，整天叮叮当当敲着不停。*

想着想着，我发现有点不对头。*想着想着，我发觉有点儿不对劲。*

佢看着看着就迷糊着。*她看着看着就打瞌睡了。*

讲着讲着，我自己都糊涂着。*说着说着，我自己都糊涂了。*

句中"V 着 V 着"是以重叠"V+着"的形式来强调动作的持续或反复，语法性质的本质仍是"V+着₂"句型。

3. 着₃，完成体（或实现体）

也有人（如梅祖麟，1988）称为"完成貌""实现貌"，表动作的完成或实现，与普通话"了₁"基本一致。普通话里"'了₁'用在动词后，主要表示动作的实现或完成。如果动词后有宾语，'了₁'用在宾语前。'了₂'用于句末，主要肯定事态出现变化或即将出现变化，有成句作用。如果有宾语，'了₂'用在宾语后"（吕叔湘，1981）。以下我们根据皖西南方言和普通话的对应，来详细分析完成体"着₃"的语法特征：

（1）用于动宾结构

高河方言	普通话
（1）V+着₃+O	V+了₁+O
我到着金贸大厦。	我到了金贸大厦。
今朝早上尔买着菜呀？	今天早上你买了菜呀？
今朝下昼我上着两次街。	今天下午我上了两次街。
莫吵，我怕着你几（个）！	别吵，我怕了你们！
就尔一句话，我跑着三趟图书馆。	就因为你的一句话，我跑了三次图书馆。
（2）V+着₃+O+了₂	V+了₁+O+了₂
这个事我托着我几（个）组长了。	这件事我们委托了我们组长了。
老张家三个儿子都进着大学了。	老张家三个儿子都进了大学了。
伛大清早就去图书馆借着那两本新书了。	她大清早就去图书馆借了那两本新书了。

这两个句型中，"着₃"位于动词"V"和宾语"O"之间，属完成体。高河话的"了₂"和普通话的"了₂"一样，位于句末，往往起成句作用。

（2）用于述补结构

高河方言里，"着₃"着眼于"时点，表明动作、形状已经实现"（黄伯荣2002），它可以用于述补结构的末尾，如：

高河方言	普通话
（3）V+C+着₃	V+C+了₁
碗打破着。	碗打破了。
稻箩踢翻着。	稻箩踢翻了。
天热死着。	天热死了。
西瓜红透着。	西瓜红（熟）透了。

这种接述补结构后面的"着₃"，后面还可以有别的成分（例句中用 X 表

示），例如下表：

高河方言	普通话
（3）V+C+着$_3$+X	V+C+了$_1$+X
打倒着尔再讲。	打倒了你再说。
做好着这门多事才走！	做好了这么多事情才走！

这类句型中的"着$_3$"，"出现在动补结构之后，最能说明'着'是完成态词尾，而不是持续态词尾，也不是结果补语"（梅祖麟，1998）。因为存续体的"着$_2$"着眼于时间段，"表明动作、形状在变化过程中，因此它跟动词、形容词后的结果补语或时量是不相容的"（黄伯荣，2002）。

"着$_3$"还可以用于形容词性质述补结构的中间，表示某种状态的变化，如下表：

高河方言	普通话
（4）A+着$_3$+C	A+了$_1$+C
这个礼拜晴着两天。	这个星期晴了两天。
佢的头毛又白着许多。	她的头发又白了许多。
（5）A+着$_3$+C+了	A+了$_1$+C+了$_2$
又晴着三天了。	又晴了三天了。
这伢又高着寸把了。	这孩子又高了约一寸了。

例句中形容词"晴、白、高"等表达的是状态变化的实现，它们前面可以加上副词"已经、又、还"等修饰，如例句"晴着两天"是说天气（由阴天）变"晴"后，这种变化的状态已经实现两天了，过去的两天里都是晴天。

"着$_3$"无论用于动宾结构还是述补结构，都不排斥高河方言的句子末尾有一个相当于普通话的"了$_2$"，如以上两个（2）、（5）句型。这种"了"只表示事态已经或者即将发生变化，而不表示动作的完成或实现。因此，这个"了"是不能改换成"着"的。

（3）"形容词+了"结构[①]

用于表达"只肯定已经出现的情况，不表示有过什么变化"的时候，

[①] 皖西南各市县表成句作用的"了"形态并不相同，如唐爱华（2005）将宿松话对应的"了"记为"在"。

"了"还可以在形容词之后（朱德熙，1982），位于句尾，以"A+了"的形式出现，如下表：

高河方言	普通话
（6）A+了	A+了₂
尔几班上算那个女伢最漂亮了。	你们班上数那个女生最漂亮了。
五月份起，佢的工资最高了。	五月份开始，她的工资最高了。

句型（6）中的"了"可以去掉，但表意会不同。如"尔几班上算那个女伢最漂亮了"，着眼于情况的变化，肯定现在"你们班上那个女生最漂亮"，以前"那个女孩"很可能不是最漂亮的；如果去掉"了"，也就是"你们班上那个女生最漂亮"这个句子着眼于"那个女生"的"最漂亮"。

（4）接谓词且位于句尾，即"V+着₃"或"A+着₃"结构

高河方言	普通话
（7）V+着₃	V+了
我把那个事情和佢讲着。	我把那件事跟他讲了。
黄晓旧年毕业着。	黄晓去年毕业了。
V+合音词（含着₃）	V+了+啊
问：尔吃喳？　（答：我吃着。）	问：你吃了啊？　（答：我吃了。）
（8）A+着₃	A+了
小伢大着。	小孩子大了。
人老着。	人老了。
饭香着。	饭香了。

第（7）、（8）两类句型的句子表达的情况只着眼于当前的情况，表示谓词所表达的动作或状态变化已经完成。吕叔湘先生（1981）认为："一般情况下，普通话里的'了₁'不用于句末"。那么，上面两类例句的比较中，普通话位于动词后句尾的"了"是不是"了₁"呢？我们从两个方面来分析比较这个问题：

首先，从语义上看，句型（6）和句型（8），即"A+了"和"A+着₃"的区别在于，前者形容词只是肯定变化的出现，而后者形容词后用"着₃"表示变化的完成。

其次，从成句作用来看，句型（6）中的"了"相当于普通话的"了$_2$"，句型（8）中普通话的"了"似乎也可以是"了$_2$"。但从对应上来看，句型（8）中高河话的"着$_3$"不能改为"了"，就是说高河话里的"着$_3$"不是起成句作用，不能与普通话的"了$_2$"对应。这就产生了一个语法作用和方言对应上的悖论，句型（8）中普通话的"了"无论是"了$_1$"还是"了$_2$"都不正确。产生这种悖论的原因是句型（8）的普通话对应例句存在歧义，如"小孩子大了"的意思既可以是"小孩子长大了"，也可以是"小孩子年龄大了（不适合练体操）"。前一种理解中，"大"取"长大"义，属动词，表明成长状态的实现，是完成体；后一种理解中，"大"取"（年龄）大"义，属形容词，表明小孩年纪变大（不适合练体操）的事实。这两种理解中的"了"分别是"了$_1$"和"了$_2$"。

高河话的句末体助词既要表示动作的完成（或状态的实现）又要表示事态的变化时，句中"着$_3$"和"了"必须同时出现，如下表：

高河方言	普通话
（9）V+着$_3$+了	V+了
我把那个事情和佢讲着了。	我把那件事跟他讲了。
黄晓旧年毕业着了。	黄晓去年毕业了。
我吃着了。	我吃了。
（10）A+着$_3$+了	A+了
小伢大着了。	小孩子大了。
人老着了。	人老了。
饭香着了。	饭香了。

分别和（7）（8）中例句相比，（9）（10）这两种句型，表示动作完成的同时又表达了事态的变化，而不仅仅着眼于当前的情况。（9）（10）这两个句型的谓词前面都可以加上副词"已经"修饰，其意义不发生变化。从（9）（10）和（7）（8）两对例句的形式上看，高河话的对应句子中多了"着$_3$"，但对应的普通话没有发生变化。

从句式的对应上看（9）（10）中的例句，如"我吃着了/我吃了"，"饭香着了/饭香了"。将高河话中的"着$_3$"改为"了$_1$"，就会发现高河话和普通话有"了$_1$"/"了"的对应关系，即普通话里的"了"包含了表完成体和成句作用的双重功能。这种对应演绎或许印证了朱德熙先生（1982）"普通话中，如果句尾'了'前面是个动词，这个'了'可能是动词后缀'了'和语气词'了'的融合体"的观点。

皖西南方言的"着₃"，经常和表经历体（或过去式）的"过"连用，表过去完成体，往往起到加强语气的作用，如下表：

高河方言	普通话
（问：吃喳？）　吃着。	（问：吃了啊？）　吃了。
（问：吃没吃喳？）吃着了。	（问：吃没吃了啊？）　吃了。
（问：吃没吃过着喳？）　吃过着了。	（问：吃没吃了啊？）　吃过了。
（问：尔几还没过啊？）我吃过着了了！	（问：你们还没吃过啊？）我已经吃过了哦！

最后一个例句中，前一个"了"读$^{\subset}$liɔ，发重音；后一个"了"读liɔ，发轻声。

（二）皖西南各市县方言中"着₂""着₃"的对应及过渡性特征

上面以高河话为例分析了皖西南各市县方言中"着"的语法特征，以下我们分别阐述方言虚词"着"的过渡性特征。

要弄清皖西南各市县方言的过渡性特征，就必须在弄清区域内分布规律，再将其与周边地区乃至全国范围内汉语方言做比较。前文曾提及，由于皖西南各市县的几种典型方言是江淮官话、吴语及赣语，所以我们主要将皖西南各市县的方言虚词"着"的使用情况和周边这些典型方言的分布进行比较即可。

皖西南各市县方言虚词"着"的具体对应情况如下表①：

县市 词	枞阳县	桐城市	安庆市区	怀宁高河	潜山县	岳西县	怀宁石牌	望江县	太湖县	宿松县
着₂	着	着	着	着	着	着	倒	哆、着	倒	倒
着₃	仔	着	着	着	着	着	哆、着	哆、着	哆、着	哆、着
合音词	喳	喳	喳	喳	喳	喳	哆	哆	哆	哆

1. "着₂"的过渡性特征

皖西南及周边方言中表存续体的"着"，有"着""倒"和"哆"这几种

---

① 表中的合音词是指皖西南各市县方言中表完成体（或实现体）"着₂"和句尾叹词的合音形式，如石牌镇方言的"倒"＋"哦"→"哆"。

主要形式。总体看，从北往南呈现出由江淮官话的"着"向赣方言的"倒"过渡的轨迹，即北方方言→（江淮官话）枞阳、桐城、安庆市区→怀宁高河镇、潜山、岳西县→（皖西南赣语）怀宁石牌、望江、太湖、宿松→（江西赣语）湖口、彭泽。这个过渡带的中心在怀宁和望江两个县：怀宁县的高洪片处于过渡带的北方一侧，石牌片则处于过渡带的南方一侧；望江县的长岭以北地区属于过渡带的北端，其余的则在过渡带的南端。

2. "着₃"的过渡性特征

皖西南及周边方言中完成体"着"（"着₃"，即普通话的"了₁"，下同），有"仔""着"和"哆"等主要形式。总体看，从北往南呈现出由江淮官话的"了"，经过黄孝片的"着"，向赣方言的"倒"过渡的轨迹，即北方方言→（黄孝片）枞阳、桐城、安庆市区→怀宁县高河镇、潜山、岳西县→（皖西南赣语）怀宁县石牌镇、望江、太湖、宿松→（江西赣语）湖口、彭泽。这个过渡带的中心在怀宁和望江两个县：怀宁县的高洪片处于过渡带的北方一侧，石牌片则处于过渡带的南方一侧；望江县的长岭以北地区属于过渡带的北端，其余的则在过渡带的南端。

3. 方言虚词"着"的层次性及其过渡性特征

和词的表现形式不同相对应，皖西南各市县方言虚词"着"的读音也不尽相同。表格中除了枞阳是舌尖音，其余各市县均为圆唇音且读音基本一致；袁家骅（1983）认为（吴语的、枞阳县的）[ts–]是由知母二等字演变而来的，因此，皖西南各市县方言中"着"的声母分布在端组和知组。这两组声母同源，它们在上古都是端组，即 t、tʰ 及 dʰ 音。它们现在的读音反映的是古代不同时代的读音，即它们的读音从历时角度看，不在同一个层次上：所谓"古无舌上音"，端组的读音反映的是更加古老的读音。这种历时层次性，反映到邻近各地方言的共时比较上，就是空间上的过渡性。

从语法学角度看，吕叔湘（1955）、太田辰夫（1957）、王力（1958）、赵金铭（1979）指出，"附着"的"着"是介词"着"的直接来源、普通话持续貌"着"的间接来源①。梅祖麟（1988）考证认为，"汉语中的方位介词、表示完成和持续貌的词尾都来自古代的'著（着）'"。他（梅祖麟，2007）还认为，因为六朝文献里的"着"字兼有"在"（静态）、"到"（动态）两个意思，所以当"着"在吴语和其他方言中变成动词词尾时，"着"既能标志持续貌，又能标志完成貌："在"义的方位介词"着"字是北方话

① 转引自梅祖麟（2007）。

持续貌（即本书所说的存续体）"着"的来源，有敦煌变文为例；"到"义的介词"着"字是吴语完成貌"着"的来源。罗自群（2005）也肯定了汉语方言中"着"的语法化过程经历了由动词（着）→结果补语、方位介词（着/住）→持续意义（着/住）的演变。

不仅仅是皖西南各市县的方言虚词"着"同源，梅祖麟（2007）认为还有上海、苏州的吴语"仔"，长沙、浏阳的湘语"哒（或达）"也是同源。他认为吴语"着"字鱼韵开口，湘语鱼韵读 [a]，长沙话知系读 [t-]，都不合本方言的规律，可以理解为古老层次的遗迹：

$$drjak > drja > dja > .ta^{⊐} （?）\quad 长沙话$$

$$trjak > trjak > tsak > t\,\textctc_{⊐} （?）\quad 安庆话$$

$$trjak > trja > trja > {}^{⊏}ts\textrhookrevepsilon\quad 苏州话（上海话）$$

根据这种方言演变轨迹，皖西南的石牌镇、望江县、太湖县及宿松县方言中的"哆"也应该同源，其演变轨迹是：drjak > drja > dja > ɕto. 这个 [t] 音。这种古音的遗留分为两个方面：其一是本地方言的历史继承；其二是受外来音的影响，如移民带来的方言接触所致。如果是第一种情况的古音遗留，那一般不会出现知组其余的都符合语音演变规律、仅此一孤例不符合规律的情况，而语言接触引起的古音遗留则需要现实和历史的证据来支持：（1）现实情况：皖西南的石牌镇、岳西、太湖和宿松等几个镇县的"着"，都通行"哆"和"着"两种表达方式共用，这种"双语现象"往往是语言接触致使两个不同层次的语法现象在这些地方遗存的结果。（2）历史证据：元末明初，皖鄂赣也是"湖广填四川"运动的集中地区，三省临近地区的"迁移范围相对比较集中，主要在湖北的蕲春、麻城，江西的九江、湖口、瑞昌、武宁和安徽的宿松、太湖、望江、怀宁等地"（陆洪非1985）。

除了安庆话、吴语、长沙话的存续体和完成体均来源于"着"，汉语方言里还有闽语（梅祖麟，2007）、泰如话（汪如东，2013）及赣语等均如此。因此，皖西南的方言虚词"着"一方面在其方言区内部及周边区域具有过渡性特征；另一方面在汉语方言大范围内来看，安庆方言的"着"是吴语"仔"向湘语"哒"过渡的中继点。

（1）吴语与湘鄂方言之间的过渡

"着"的三种用法，"吴语里用作持续貌、完成貌词尾，湘鄂方言里用作完成貌词尾，官话方言里用作持续貌词尾"，安庆各市县方言不但具备介词、存续体及完成体三种用法，而且完成体的"着"可以位于句中或者句尾。这说明安庆话的"着"是吴语和湘鄂话的中间过渡区。

（2）"吴头楚尾"长江流域的过渡

从汉语方言大的区域看，皖西南方言的"着"（除介词功能外）呈现出从吴语向湘鄂方言过渡的特征，大致过渡轨迹是：吴语，如苏州、上海（仔）→黄孝片，枞阳（仔）→黄孝片，如桐城、安庆市区（着）→高河镇、潜山、岳西县（着）→皖西南赣语，如怀宁县石牌镇、望江、太湖、宿松（着、哆）→江西赣语，如湖口、彭泽、德安、永修、武宁、修水（着、to）→湘语，如平江、浏阳、长沙等（ta）。

"湘鄂方言完成貌用'著'字，少数湘方言持续貌也用'著（哒，或达）'字，跟吴语沿着长江形成一条'吴头楚尾'的长蛇阵，东起海滨，西至巴东"（梅祖麟，2007）。皖西南就位于这个"长蛇阵"的中间。只是这条"'长蛇阵'被下江官话、西南官话的'了'、'倒'斩成几段"，皖西南的这种过渡性特征就不太明显而不容易发现。布龙菲尔德（1980）认为："有些语音特征，现在只保留在残余的形式里，从前却分布在广阔的领域里：方言地理学提供了这样的证据。特别是，一个特征只出现在零散地方，被一片说着占上风的新形式的连绵区域所分隔，那么，这幅地图通常能够这样解释：这些分散地点曾经是一片完整领域的组成部分。"因此，本书"着"的三种句型很可能在历史上通行于"吴头楚尾"的整个"长蛇阵"区域。

第二节　反复问句的类型及其过渡性特征

一、引言

"安庆市通行江淮官话和赣语两种方言，安庆城内三个区、桐城市及枞阳县属于江淮官话黄孝片"（孙宜志，2006），"怀宁、太湖、望江、宿松、潜山和岳西六个县属于赣语方言区的怀岳片"（中国语言地图集，1987）。特殊的地理位置使其处于赣语、吴语和江淮官话的包围之中，方言的共时接触和历时累积使这个区域的方言存在诸多共性，又有一定的层次性。皖西南方言的反复问句多种类型并存，呈现过渡性的地理类型特征。

二、反复问句的界定

反复问句式是汉语最有特色的疑问形式，也叫"正反问句"。就普通话而言，这类问句是"内容上让对方在 X 与非 X 里选择一项作回答"（朱德熙 2001），形式上将谓语的肯定形式和否定形式叠用。考虑到现代汉语方言，反复问句类型的界定尺度应当放宽些。本书把"内容是从正反两面提出问题，要求答话人从中做出选择的疑问句都归入反复问句"（陈曼，

2011）。

"现代汉语（含方言）的反复问句有'VP-Neg-VP''VP-Neg'和'K-VP'三个基本类型（VP 表谓词性成分，Neg 表否定词，K 表疑问副词，有的用 F 表副词。下同）"（王琳，2010）。这三个基本句型中，"第一个是原型，后面两个有争议，但在类型学上有比较价值"（邵敬敏，2007）。本书将这三种形式界定为反复问句的基本类型，并分别阐述它们在皖西南方言的具体表现及特征①。

三、反复问句的类型及其描写

邵敬敏的《现代汉语疑问句研究》（1996）根据反复问句否定词"Neg"的不同来区别反复问句的时体，认为否定词"没"或"没有"问的是客观情况，是一种已然体，表示过去或现在已经发生了的动作行为；而否定词"不"问的是主观态度，是一种未然体，时间可指现在或将来。王琴（2008）认为，除了这两种"时体"，还有些事态不具时间节点，无所谓已然或未然，即"中性时体"（王琴，2008）。"K-VP"类型的反复问句，不是依靠否定词来表达"已然体""未然体"或"中性时体"，而是靠添加能表达完成或实现功能的体助词来区别。

总体看，皖西南方言的反复问句涵盖"VP-Neg-VP""VP-Neg"和"K-VP"三种基本类型，以"VP-Neg-VP"为最常见。结合上文提及的三种时体，皖西南方言的三类反复问句可作进一步探究。

（一）"VP-Neg"式反复问句

吴福祥（1997）认为："VP-Neg"式的反复问句"见于文献的时间可以追溯到西周时期"，"七十年代岐山董家村出土西周的五祀卫鼎铭文中有'汝贾田不？'之语。这里的讯辞，裘锡圭先生（1988）认为是'V 不'式问句"（吴福祥，1997）。

这类反复问句的否定副词有"没有"和"不"，分别表达已然和未然。皖西南方言里，这两个否定词多形成合音词"miu"和"啵"②，除"中性时体"外，它们在反复问句中互补分布③。

---

① 这三种类型的非谓语成分的短语不属于反复问句。如 1. <u>去不去</u>那是你的事。2. 你去问问张雷<u>可去</u>。3. 我也想知道李文参加不。

② "miu"是"没有"二字的合音，有人记作"冇"；"啵"是否定词"不"和语气词"哦"的合音词。下同。

③ 例句中，"着"是表动作的完成或实现，下同。下文的"喳"就是这种"着"和语气词"啊"构成的合音词。见吕延（2006）

VP+miu	VP+啵
动（1）小明去miu/小明去没去？	*小明去啵/小明去不去？*
形（2）花红miu/花红没红？	*花红啵/花红不红？*
述宾（3）你吃miu/你吃没吃？	*你吃啵/你吃不吃？*
形+助（4）花红着miu/花红没红了？	
动+助（5）吃着miu/吃没吃了？	
偏正（6）	*常来啵/常不常来？*
连谓（7）坐车去miu/坐没坐车去？	*坐车去啵/坐不坐车去？*
双宾（8）妈妈把钱你miu/妈妈给没给你钱？	*妈妈把钱你啵/妈妈给不给你钱？*
兼语（9）叫佢些去吃饭miu/叫没叫他们去吃饭？叫佢些去吃饭啵/叫不叫他们去吃饭？	
主谓（10）佢身体好些miu/他身体好没好些？	*佢身体好些啵/他身体好不好些？*
述补（11）你讲清楚miu/你讲没讲清楚？	*你讲清楚啵/你讲不讲清楚？*

　　例（2）和（4）两个句子中的谓词分别是性质和状态形容词，前者的性质是可以发生变化的，有"已然"和"未然"之分；而后者的谓词加表完成或实现的体助词"着"，问状态的变化有没有实现，表"已然"。例（4）（5）都有助词"着"，表"已然"，没有助词时的对应形式分别是例句（2）（3）。

　　（二）"VP-Neg-VP"式反复问句

　　朱德熙先生认为，"在时代可以确定为秦代或战国末期的云梦睡虎地秦简里已经多次出现这种句式"（2001）。和大多数现代汉语方言一样，这种反复问句是皖西南方言最常见的基本类型。

　　和否定词左右对称的谓词VP可以是单音节，也可以是多音节。如果VP是多音节（含双音节）的话，问话人表达时不但显得啰嗦、吃力，而且会影响表达效果，所以往往会"左省"或"右省"后面的音节，变成"V-Neg-VP"或"VP-Neg-V"（傅惠钧，2010）。皖西南方言普遍"左省"，即采用

"V-Neg-VP"格式，如"昨晚你睏没睏觉?""这女伢好不好看?"等等。这种"左省"的模式，具明显的类推性和词汇化倾向。

1. 类推性

"VP-Neg-VP"中的"VP"只要不是单音节的，都可以"左省"，如"吃不吃饭?""操没操心?""难不难受?""打不打喷嚏?""擤没擤鼻子?"等等，安庆各市县方言的这种反复问句都使用这种"左省"结构。

2. 词汇化倾向

这种简化适用于双音节或多音节的动词、形容词、名词甚至副词，使"V-Neg-VP"变成词汇化的"A-Neg-AB"结构，如"革不革命""时不时髦""齐不齐整漂不漂亮""邋不邋遢""灰不灰溜溜""大不大扫除""政不政治（学习）""一不一阵""一不一起"等等。这些结构可以在句中充当谓语形成反复问句，也可以不是谓语而形成非反复问句，如：（1）明天大不大扫除?（2）政不政治学习你要打听清楚。（3）你去问老师下课后我们一不一阵走。

（三）"K-VP"式反复问句

这种在"VP"前添加疑问副词构成的反复问句"来自古代的 'VP 不/未'"（朱德熙，2010）。因此，"从它的历史来源及其内容的答问看，这类问句属于反复问句"（江蓝生，1990）。

句型中的疑问副词"K"，在近代汉语里主要表现为"可"，在现代汉语方言里语音和用字多有不同，如苏州话为"阿"，昆明话为"格"，合肥话为"克"，巢湖话为"各"。

从形式上看，这种反复问句没有否定词，属"未然体"或"中性时体"；有结合助词"着"，这类反复问句可以表"已然体"。

K-VP=V 不 VP 型	K-VP 着=V 没（miu）VP 型
动（12）小明可去?	小明去不去?
动+助（13）小明可去着	小明去没去?
形（14）花可红	花红不红?
形+助（15）花可红着	花红没红?
述+宾（16）你可喝茶	你喝不喝茶?
述助宾（17）你可喝着茶	你喝没喝茶?
偏正（18）可常来	常不常来?
连谓（19）老师可开车去火车站	老师开不开车去火车站?

连谓助（20）老师可开着车去火车站　　　*老师开没开车到火车站？*

双宾（21）妈妈可把钱你　　　　　　　　*妈妈给不给钱你？*

双宾助（22）妈妈可把着钱你　　　　　　*妈妈给没给钱你？*

兼语（23）可叫佢些出去吃饭　　　　　　*叫不叫他们出去吃饭？*

兼语助（24）可叫着佢些出去吃饭　　　　*叫没叫他们出去吃饭？*

主谓（25）佢身体可好些了①　　　　　　*他身体好不好些了？*

主谓助（26）佢身体可好着些　　　　　　*他身体好没好些？*

述补（27）你可讲清楚　　　　　　　　　*你讲不讲清楚？*

述补助（28）你可讲清楚着　　　　　　　*你讲没讲清楚？*

例（18）属"中性时体"，不能加助词。(13) 至（28）的其他例句因为是否加助词而呈现出对立互补的情况：加助词"着"对应"已然体"，不加助词"着"对应"未然体"。

四、反复问句的层次及其过渡性特征

（一）反复问句的层次性

汉语方言中，"相同的语法功能有不同的句式，如疑问句的'VP 不 VP?'和'可 VP'式，它们属于不同语法层次"（王福堂，2010）。皖西南各市县方言的三个类型的反复问句的语法功能相同，但它们不在同一个层面上，在各市县分布有差别，发展也不均衡。

1. 从历时角度看，三种类型的反复问句有层次性

游汝杰（1992）认为，反复问句"未然体的类型中，应以'V-neg'为最古层，'V-neg-V'为中间层，'F-V'（即'K-VP'）为最新层"。

张敏认为，"VP-Neg"句式最早出现，"从先秦到南北朝，除了睡虎地秦墓竹简较为特殊外，'V-neg'是唯一的反复问句"（张敏，1990）。

在解释"VP-Neg"和"VP-Neg-VP"这两种反复问句的历时发展的时候，刘开桦认为，"唐以前'VP-Neg'式的'Neg'主要由'不'和'否'等充任，由于这些否定词的称代性都很强，实际上承担了'不 VP'的语义功能，因此，'VP-Neg'式始终处于强势地位，用例甚多，'VP-Neg-VP'则处于相对弱势地位，一直得不到大量使用。"中古后期开始，"'不''否'开始虚化，引发了'VP-Neg'的分化，一部分'VP-Neg'式演化为是非问句，

---

① "了"对应北京话里起成句作用的"了$_2$"，例28同。见吕延（2006）。

'VP-Neg'式在反复问句中的强势地位有所减弱，与此同时，'VP-Neg-VP'式反问句的用例逐渐增多。到了宋元以后，随着'不''否'等否定词虚化的最后完成，'VP-Neg'便从反复问句的主力方阵退出，'VP-Neg-VP'式顶补上来，占据反复问句的强势地位，成为汉语反复问句的主要形式。这一格局形成之后便一直保持到现代汉语。"（刘开桦，2008）

作为反复问句，"K-VP"的"结构模式及雏形在秦汉之际业已形成，但现代形式的'K-VP'问句最早出现在唐代"（张敏，1990）；"唐五代的文献中，但用例比较少，多出现在诗词和禅宗语录中"（江蓝生，1990），大量使用是在明清白话小说里。

2. 从共时角度看，各市县反复问句有层次性

"现代汉语各方言反复问句类型的分布状况是各个历时层次上问句形式的积淀的结果"（张敏，1990），因为语言发展的不平衡性，必然使历时的层次性反映到共时分布上。共时状态下，这种层次性不容易被发现。如果从历时角度看它们"此消彼长"的过程，就不难发现它们的层次性。例如，在怀宁和潜山两县，用"K-VP"的多是新派，被调查的年长者都清楚地记得他们在孩童时代很少有此类反复问句。这说明"K-VP"式的反复问句在这两个地方的层次很浅，也印证了朱德熙先生"混合形式的出现本身就说明'K-VP'与'VP-Neg-VP'两种句型属于不同的历史层次，两者之中必有一种产生时代较晚，而混合形式不过是这种创新句型的本地化而已"的观点。几十年前还没有"K-VP"句式，为什么现在出现了呢？

其一，"K-VP"是近代汉语的遗留，山东方言、江淮官话、吴方言和西南官话都存在。安庆市、桐城市及枞阳县通行江淮官话，存在这种句式。怀宁县和潜山县部分地区与安庆、桐城两市相邻，长期的语言接触及融合，有出现这种句式的客观条件。

其二，受政治、文化的影响。萨丕尔（1985）认为："语言，像文化一样，很少是自己满足的。由于交际的需要，使说一种语言的人直接或间接和那些邻近的或文化上占优势的语言说者发生接触"。皖西南方言里，"K-VP"的历史层次比较浅，当地人感觉它"语气显得和缓，风格上比较文雅"，有一定的文化优势。这种句式的使用主体有一定的选择性，要么是有文化、身份地位较高的人常用，要么是当地人反复问句"文读"的表达方式。这种文化优势既可能来源于省城合肥的政治、文化的影响，也可能由于清代以来桐城派文化传承。

（二）皖西南各市县的反复问句类型及分布①：

序号	类型	枞阳	安庆	桐城	怀宁₁	潜山₁	怀宁₂	潜山₂	望江	岳西	太湖	宿松
1	VP–Neg	−	少	少	−	−	+	+	+	+	+	+
1a	VP–miu	−	+	+	−	−	+	+	+	+	+	+
1b	VP–啵	−	−	−	−	−	+	+	+	+	+	+
2	VP–Neg–VP	+	+	+	+	+	+	+	+	+	+	+
3	K–VP	+	+	+	+	+	−	−	−	−	−	−

上表大体上反映出以下四种情况：

① "VP–Neg–VP"，在各市县方言中通用。

② "VP–Neg–VP" 和 "K–VP" 并用。例如，枞阳县、安庆市区、桐城市、怀宁₁ 及潜山₁ 等方言。

③ "VP–Neg–VP" 和 "VP–Neg" 并用。例如，怀宁₂、潜山₂、望江、岳西、太湖及宿松方言。

④ "VP–没（miu）" "VP–Neg–VP" 及 "K–VP" 并用。例如，安庆市区和桐城市方言，其中 "VP–没（miu）" 较少使用。

总体看，皖西南各县市反复问句类型从北往南呈现由 "K–VP" 式向 "VP–Neg" 式过渡的趋势，过渡带区域则兼 "K–VP" "VP–Neg" 两类反复问句。

---

① 表中 "+" "−" 分别表示有和没有相应的句式。"怀宁₁" "怀宁₂" 分别指的是高洪片和石牌片；潜山₁ 和潜山₂ 分别指潜山北和潜山南，即靠近怀宁高洪片和怀宁石牌片、岳西、太湖的区域，如余井、源潭和王和、油坝。其中，"VP–Neg" 分列 "VP–不（啵）" 和 "VP–没（miu）" 两项。

第五章　结　语

一、皖西南各市县方言分布及其过渡性特征

李金陵（1994）认为，皖西南地区西部的宿松、岳西及太湖和湖北的黄梅、英山两县接壤，这三个县方言"与湖北省最有特色的'楚语'有千丝万缕的联系"①，区内南面的望江和宿松，与江西的彭泽、湖口相望，望江的东面、怀宁的东南面与本省的东至县紧密相连，"这一带赣语特征是显而易见的"。区内各市县方言的分布情况大体如下：

（一）皖西南方言的过渡性特征小结

前文分三个大章节，阐述皖西南各市县方言的语音、词汇还是语法等语言要素的特征，并以定性、定量相结合的方法论证了皖西南方言文化的混合性过渡特征：

1. 语音方面

语音方面分别从声母、韵母和声调三个角度定性描写并比较皖西南及周边方言的语音，揭示皖西南方言语音两条过渡性路线：其一是（洪巢片江淮官话→）黄孝片江淮官话→皖西南赣语；另一条是（洪巢片江淮官话→）皖西南的黄孝片江淮官话→鄂东黄孝片江淮官话。

2. 词汇方面

词汇方面分别研究基本核心词、亲属称谓词及方言特征词，并将皖西南各市县与周边典型方言（即江淮官话、赣方言）的语言要素的亲疏度比较，不但形象直观地显示了皖西南方言的过渡性特征，还能根据亲疏度的具体数值，确定皖西南各市县的方言归属。

3. 语法方面

语法方面从历时层次和共时特征两个角度，分别研究方言虚词"着"、反复问句、"把"及双宾语、比较句等语法及过渡性特征。

---

① 这里所说的"楚语"即本书的黄孝片江淮官话。

本书研究肯定了"桐城、枞阳及安庆市区归属江淮官话黄孝片",认为望江、太湖、宿松方言应归属赣方言,怀宁、潜山及岳西是江淮官话向赣方言过渡的接榫区。

(二)各市县的方言分布

其一,区内北面枞阳、桐城及安庆市区等三市县方言,孙宜志(2006)刘祥柏(2007)、赵日新(2008)等认为"属于江淮官话黄孝片",目前语言学界基本认可这种看法符合当地方言的实际情况。

其二,区内的怀宁县分为高洪片(以高河镇为方言代表点)和石牌片(以石牌镇为方言代表点),它们分别与桐城、安庆市区和潜山相邻,前后者分别通行黄孝片江淮官话和皖西南赣语①。

其三,区内潜山县东、南、西、北分别与桐城(及怀宁的高洪片)、太湖(及怀宁的石牌片)、岳西县和舒城县为邻,境内多通行江淮官话。以天柱山镇和梅城镇为界,以北为黄孝片江淮官话,以南则为皖西南赣语。

其四,区内西北面的岳西县的北面、西北面、西南面分别与通行江淮官话的舒城、霍山及湖北英山为邻,"岳西县头陀镇(靠近霍山县)、姚河乡(靠近舒城县)、白帽镇(靠近湖北英山),属于江淮官话"(岳西方言志,2009)。总体看,岳西县内以青天乡和石关乡为界,往北为江淮官话区,往南则为皖西南赣语区与皖西南潜山、太湖相邻的地方分别通行江淮官话和赣方言为主。

其五,太湖县和望江县,分别位于皖西南偏西和皖西南中间位置,境内均通行皖西南赣语。

其六,总体看,宿松方言归属赣语,但还有不少非赣语特征的汉语方言,如与湖北黄梅、蕲春邻近的一些地方(如王岭),有"楚语"口音的黄孝片方言等。

(三)各市县主要方言的分布

综合前文,皖西南各市县方言的语言要素,无论是语音、词汇还是语法,都定性定量地说明了其混合性过渡特征。根据皖西南各市县方言与周边典型方言(即江淮官话、赣方言)的语言要素的亲疏度比较,不但形象直观地显示了皖西南方言的过渡性特征,还能根据亲疏度的具体数值,确定皖西南各市县的方言归属。即肯定桐城、枞阳及安庆市区归属江淮官话黄孝片,望江、太湖、宿松方言归属赣方言。怀宁、潜山及岳西是江淮官话向赣方言过渡的

---

① 这里的"皖西南赣语",即《中国语言地图集》所说的怀岳片赣语(下同)。

接榫区，综合本书的论证，怀宁的高洪片（以高河镇为代表）、潜山北部、岳西北部归属江淮官话黄孝片，而怀宁的石牌片（以石牌镇为代表）、潜山南部、岳西南部归属赣方言。

二、过渡性特征研究的应用价值

孙宜志（2006）认为，"安庆三县市的江淮官话的语音特点体现出黄孝片与洪巢片交界地带的特点。实际上是黄孝片向洪巢片过渡的地带。安庆三县市的江淮官话与湖北和江西九江瑞昌的江淮官话黄孝片被赣语的怀（怀宁）岳（岳西）片割断，如果将安庆三县市的江淮官话划归黄孝片，那么安庆这三县市将被赣方言分割开"。通过相似度的比较，我们发现皖西南的枞阳、桐城、安庆市区、怀宁高河片、潜山部分乡镇（梅城以北）及岳西的部分乡镇（青天乡以北）的方言应归属江淮官话黄孝片。这不但证明孙先生认为安庆市区、枞阳及桐城方言归属黄孝片的观点是正确的，而且论证了正是岳西、潜山及高河方言将江西及湖北的黄孝片与安庆三市县的黄孝片连通起来，地理上的具体链接路线可表示如下：

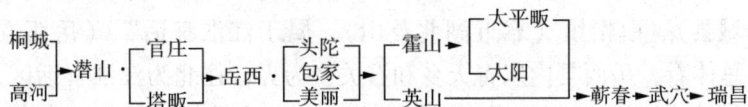

桐城 / 高河 → 潜山 → 官庄 / 塔畈 → 岳西 · 头陀 / 包家 / 美丽 → 霍山 / 英山 → 太平畈 / 太阳 → 蕲春 → 武穴 → 瑞昌

黄孝片江淮官话，即赵元任先生所说的古楚语，它之所以保留在以上鄂赣皖三省交界的链接带上，应该说与这些市县所处的大别山区特殊的地理环境有关。交通不便，为古楚语的留存提供了客观条件。同时，本书的过渡性特征研究还论证了另一条过渡路线，图示如下：

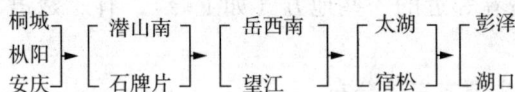

桐城 / 枞阳 / 安庆 [潜山南 / 石牌片] → [岳西南 / 望江] → [太湖 / 宿松] → [彭泽 / 湖口]

这条方言过渡轨迹表明，石牌片、潜山南及岳西南是皖西南方言从江淮官话向赣语过渡的核心区域。

本书通过历时的层次性和共时的过渡性特征的研究，论证了鄂东、皖西南及赣东北方言之间的相似性，揭示了怀宁、潜山及岳西方言是这三省交界方言的过渡接榫带。这种三省交界区的方言相似性，不但缘于共时的语言接触，更主要归因于历时的移民对"迁入地产生的潜移默化的影响"，元末明初的大移民使赣方言对安徽的方言产生了很大影响，形成了以安庆为中心的赣语区。"太平天国以后，江北移民纷纷渡江南下导致沿江一带的赣方言消失，只有东至赣方言还完整地保留了下来"（葛剑雄，1991），很大程度上改变了皖西南方言的赣方言格局，而使其在更多方面具备了北方方言的特质。

三、余论及尚待解决的论题

无疑，本书的调研、分析及撰写都有不足之处，需要研究者在此后的调查研究中来完善，或开设相关的崭新课题：

其一，本书的过渡性稍显粗略，只是总体上分析皖西南、鄂东楚语和赣语之间的过渡性，没有细致深入皖西南、鄂东或江西邻近乡镇甚至村落的方言比较。事实上，方言过渡性特征存在于某个县的不同乡镇之间，比如岳西县方言：姚河持舒城腔，青天持霍山腔，包家乡持英山腔，头陀、主簿、石盆、温泉、五河、来榜、响肠、毛尖山持潜山腔，店前、白帽、岩上持太湖腔。简言之，岳西县不同的乡镇之间存在着楚语和赣语的过渡路径①。

其二，方言特征词尤其是其定量研究，无疑是方言研究的一个特色，也是最能直观体现方言自身特征或文化特征的。但方言特征词由于其"对内统一、对外相对殊异"的界定不具备数学上的"集合"概念特征，所以不能量化且肯定会带上研究者的主观看法不少语言特征的量化赋权不可或缺会带入主观因素，以致影响语言文化量化研究的科学性和客观性。

---

① 岳西县不同乡镇持不同语腔，不但和其地缘因素有关，与其历史上行政归属应该密切相关（20 世纪 40 年代才独立成行政县，此前多分属多地）。

附录1：大学生普通话使用情况调查问卷

乡音浸华夏血脉，国语寄家国情怀

——大学生普通话使用情况调查

亲爱的同学：

你好，我们是安徽某大学人文学院的学生，我们正在进行一项关于大学生普通话使用情况的问卷调查，请你帮忙填答这份问卷，可能耽误你几分钟时间。本问卷实行匿名制，所有数据只用于统计分析，不作其他用途，请你放心填写。题目选项无对错之分，请你根据自己的实际情况作答。感谢你的支持与帮助。

请将所选答案的序号填到括号内或直接在所选答案上打"√"，填空题选择"其他"项的，请直接将具体内容写在其后的横线上。

1. 请问你的性别(　　)
A. 男　　　　　　B. 女

2. 请问你的民族(　　)
A. 汉族　　　　　B. 蒙古族　　　　　C. 壮族　　　　　D. 维吾尔族
E. 其他_____

3. 请问你是否参加专业普通话培训或加入任何普通话组织（如广播站等）(　　)
A. 参加过　　　　B. 未曾参加

4. 请问你的家庭住址是_____省_____市_____县_____镇/乡（请勾选"乡"或"镇"）

5. 请问你上大学之前曾长期居住在_____省_____市_____县_____镇/乡（请勾选"乡"或"镇"）

6. 请问你的学科是(　　)
A. 理工类　　　　B. 文史类　　　　C. 艺体类　　　　D. 医学
E. 其他_____

7. 你认为你的普通话水平是（没有普通话等级证书的，可参考别人评价）（　　）

A. 非常好　　　　　B. 好　　　　　　C. 一般　　　　D. 差

E. 非常差

8. 你觉得学习普通话时你的性格是（　　）

A. 非常开朗　　　　B. 比较开朗　　　C. 一般　　　　D. 比较内向

E. 非常内向（害羞）

9. 你的父亲有多久（一年以内的，属"无"）外出工作的经历？（　　）

A. 无　　　　　　　B. 一年　　　　　C. 两年　　　　D. 三年

E. 四年及以上

10. 你母亲有多久（一年以内的，属"无"）外出务工的经历？（　　）

A. 无　　　　　　　B. 一年　　　　　C. 两年　　　　D. 三年

E. 四年及以上

11. 请问你父亲的常住地是（　　）

A. 农村　　　　　　B. 城镇　　　　　C. 郊区

12. 请问你母亲的常住地是（　　）

A. 农村　　　　　　B. 城镇　　　　　C. 郊区

13. 请问你父亲的普通话水平（　　）

A. 非常好　　　　　B. 好　　　　　　C. 一般　　　　D. 差

E. 非常差

14. 请问你母亲的普通话水平（　　）

A. 非常好　　　　　B. 好　　　　　　C. 一般　　　　D. 差

E. 非常差

15. 请问你上大学之前会在哪些场合使用普通话〔多选题〕（　　）

A. 课堂上　　　　B. 学校里　　　　C. 在家

D. 与外地人交流的时候　　　　E. 从不使用

16. 请问你在大学校园里是否使用普通话（　　）

A. 只说普通话　　B. 经常使用　　　C. 偶尔使用　　D. 很少使用

E. 从不使用

17. 除家乡外，请问你在哪些地方长住过（超过一年为长期）（选填题）

_____省_____市_____县_____乡/镇（请勾选"乡"或"镇"）

18. 请问你对谁更习惯使用普通话〔多选题〕（　　）

A. 家人　　　　　B. 朋友　　　　　C. 同学　　　　D. 老师

E. 老乡

19. 请问你现在习惯在什么场合使用普通话〔多选题〕（　　　）

A. 家里　　　　　　B. 学校　　　　　　C. 社交　　　　　　D. 家乡

E. 其他_____

20. 请问你对国家推广普通话政策的看法（　　　）

A. 非常支持　　　　B. 支持　　　　　　C. 无所谓　　　　　　D. 不是很支持

E. 反对

21. 请问你对国家保护方言文化资源政策的看法（　　　）

A. 非常支持　　　　B. 支持　　　　　　C. 无所谓　　　　　　D. 不支持

E. 反对

22. 请问你所在地方的方言是否有经济、文化或社会优势（比如，上海人觉得自己的上海话相对于别的方言有社会或文化优势）（　　　）

A. 有　　　　　　　B. 没有　　　　　　C. 不清楚　　　　　　D. 有劣势

E. 其他_____

23. 你喜欢以下哪一种戏曲/曲艺，并会选择学习〔多选题〕（　　　）

A. 赵（本山）家班的小品　　　　　　B. 相声　　　　　　C. 粤语歌曲

D. 台湾腔　　　　　　E. 其他_____

24. 请问你小学老师上课使用普通话情况（　　　）

A. 所有老师都使用　　　　　　　　B. 大部分老师使用

C. 少部分老师使用　　　　　　　　D. 很少老师使用

E. 没有老师使用

25. 请问你中学老师上课使用普通话情况（　　　）

A. 所有老师都使用　　　　　　　　B. 大部分老师使用

C. 少部分老师使用　　　　　　　　D. 很少老师使用

E. 没有老师使用

26. 请问你大学老师上课使用普通话情况（　　　）

A. 所有老师都使用　　　　　　　　B. 大部分老师使用

C. 少部分老师使用　　　　　　　　D. 很少老师使用

E. 没有老师使用

27. 你觉得学（说）普通话遇到的最主要的问题是（　　　）

A. 大家都不说，自己也没机会说　　　B. 受方言影响，不好改变口音

C. 说普通话怕被人笑话　　　　　　　D. 说方言觉得亲切

E. 其他情况_____

28. 你保持和使用方言的原因是（　　　）

A. 自幼使用，已经习惯　　　　　　B. 对家乡话有感情

C. 内心抵制普通话　　　　　　　　D. 周围人也说方言

E. 其他＿＿＿＿＿＿

29. 你如何看待本地方言与普通话的关系？（　　）

A. 方言土话更重要，不需要讲普通话

B. 方言土话更重要，但也要学会普通话

C. 普通话更重要，完全使用普通话

D. 普通话很重要，本地方言也要保留

30. 请问你回家乡后，是否说普通话？（　　）

A. 从来不说，因为害羞，怕被批评洋腔洋调

B. 经常说，觉得自己很有水平

C. 只有同学聚会、教亲友家的幼童等情况下会说普通话

D. 遇到外地人、文化人或高层次的人等场合会说

E. 一直说，习惯了

再次感谢你能在百忙之中抽出时间协助我们进行调查工作，谢谢你的积极参与！祝你学习和生活愉快！

附录2：汉语方言常用的国际音标列表

	方法＼部位			双唇	唇齿	舌尖前	舌尖后	舌叶	舌面前	舌面中	舌面后（舌根）	喉
音标表（元音、辅音表） 辅音	塞	清	不送气	p		t				c	k	ʔ
		浊	送气	pʰ		tʰ			tʰ	cʰ	kʰ	
	塞擦	清	不送气		pf	ts	tʂ	tS	tɕ			
		浊	送气		pfʰ	tsʰ	tʂʰ	tSʰ	tɕʰ			
	鼻	浊		m		n					ŋ	
	边	浊				l	ɭ					
	擦	清			f	s	ʂ	ʃ	ç			
		浊			v	z	ʐ	ø	ʑ			
	无擦通音及半元音	浊		w ɥ	ʋ	tɕ	ɻ			j（ɥ）	ɥ（w）	
元音				圆唇元音		舌尖元音 前 后			舌面元音 前央后			
	高			（ɥ ɥ y ʉ u）		ɿ ʮ ʅ ʯ				i y ɨ u ɯ u		
	半高			（ø o）						e ø ɤ o		
	半低			（ɸ ɔ）						ə ɛ ɸ ʌ ɔ		
	低			（ɒ）						æ ɐ a A ɑ ɒ		

参 考 文 献

【方志及工具书类】

[1] 安徽省地方志编纂委员会. 安徽省志·方言志 [M]. 北京：方志出版社，1997.

[2] 李荣. 现代汉语方言大词典 [M]. 南京：江苏教育出版社，2002.

[3] 许宝华. 汉语方言大词典 [M]. 北京：中华书局，1999.

[4] 中国社会科学院. 中国语言地图集 [M]. 北京：商务印书馆，2012.

【教材及著作类】

[1] 曹炜. 现代汉语词汇研究 [M]. 北京：北京大学出版社，2003.

[2] 曹志耘. 曹志耘语言学论文集 [M]. 北京：北京语言大学出版社，2012.

[3] 邓晓华，王士元. 中国的语言及方言的分类 [M]. 北京：中华书局，1999.

[4] 葛剑雄. 中国移民史 [M]. 福州：福建人民出版社，1997.

[5] 顾黔. 通泰方言音韵研究 [M]. 南京：南京大学出版社，2001.

[6] 李荣. 音韵存稿 [M]. 北京：商务印书馆，2012.

[7] 李如龙. 汉语特征词研究 [M]. 厦门：厦门大学出版社，2002.

[8] 鲁国尧. 通泰方音史及通泰方言史研究 [M]. 南京：江苏教育出版社，2003.

[9] 罗杰瑞. 汉语概说 [M]. 张惠英，译. 北京：语文出版社，1995.

[10] 邵敬敏. 现代汉语疑问句研究 [M]. 上海：华东师范大学出版社，1996.

[11] 石如杰，顾黔. 江淮官话与吴方言边界的方言地理学 [M]. 上海：上海教育出版社，2006.

[12] 史浩元. 汉语方言分区的理论与实践 [M]. 北京：中华书

局，2011.

　　[13] 孙宜志. 安徽省江淮官话研究［M］. 合肥：黄山书社，2006.

　　[14] 王福堂. 汉语方言论集［M］. 北京：北京：商务印书馆，2010.

　　[15] 邢公畹. 邢公畹语言学论文集［M］. 商务印书馆，2000.

　　[16] 杨军. 韵镜校笺［M］. 杭州：浙江大学出版社，2007.

　　[17] 周振鹤，游汝杰. 方言与中国文化［M］. 上海：上海人民出版
社，1997.

【期刊类】

　　[1] 鲍明炜. 江淮方言的特点［J］. 南京：南京大学学报（哲社版），
1993（4）.

　　[2] 陈海伦. 论汉语方言相似度、沟通度、指标问题［J］. 中国语文，
1996（5）.

　　[3] 丁邦新. 汉语方言中的历史层次［J］. 中国语文，2012（5）.

　　[4] 傅惠钧. 略论近代汉语"VnegVP"正反问［J］. 语文教学与研究，
2010（5）.

　　[5] 刘丹青. 语法化理论与汉语方言语法研究［J］. 方言，2009（2）.

　　[6] 吕延. 怀宁方言虚词"着"的语法特征［J］. 中国语文研究，
2006（1）.

　　[7] 马希文. 比较方言学中的计量研究［J］. 中国语文，1989（5）.

　　[8] 梅祖麟.《朱子语类》和休宁话的完成态"著"字［J］. 语言学论
丛，1998（20）.

　　[9] 潘文，刘丹青. 亲属称谓在非亲属交际中的运用［J］. 南京师大学
报（社会科学版），1994（2）.

　　[10] 万波. 赣语永新方言量词的清声浊化［J］. 语文研究，1996（3）.

　　[11] 王健. 从苏皖方言体助词"著"的表现看方言接触的后果和机制
［J］. 中国语文，2008（1）.

　　[12] 吴福祥. 从"VP-neg"式反复问句的分化谈语气词"麽"的产生
［J］. 中国语文，1997（7）.

　　[13] 熊正辉. 官话区方言分 ts tʂ 的类型［J］. 方言，1990（2）.

　　[14] 徐朝东. 安庆方言中撮口呼异读现象分析［J］. 山西大学学报（哲
学社会科学版），2001（5）.

　　[15] 岩田礼. 汉语方言"祖父""外祖父"称谓的地理分布［J］. 中国
语文，1995（3）.

［16］郑锦全．汉语方言亲疏关系和区划方言的手段［J］．中国语文，1988（2）．

［17］周扬．黄孝片方言 ʮ 韵系的历史层次及来源［J］．语言研究，2007（4）．

【学位论文类】

［1］曹廷玉．赣方言特征词研究［D］．广州：暨南大学，2001.

［2］黄晓雪．语法化视野下的宿松方言语法研究［D］．武汉：华中科技大学，2007.

［3］栗华益．汉语方言入声韵尾演变研究［D］．北京：北京语言大学，2011.

［4］吕延．马庙镇方言的调查研究［D］．上海：上海大学，2004.

［5］石沧浪．江淮官话入声研究［D］．北京：北京语言大学，2007.

［6］吴波．江淮官话语音研究［D］．上海：复旦大学，2007.

［7］张敏．汉语方言反复问句类型学研究［D］．北京：北京大学，1990.